中国工程院重大咨询研究项目成果

氢能利用产业发展战略研究

王明华 等 著

科学出版社

北京

内 容 简 介

本书对氢能产业国内外发展现状进行了分析和政策解读，剖析氢能产业对国民经济、社会发展等方面的重要意义，并对未来的发展趋势进行了设想。基于大的背景分析，从氢能产业在交通领域、电力领域、储能领域、其他应用领域四个大方向进行细致的研究，对在各个细分领域分别从发展现状、竞争力、存在的问题、发展趋势及发展路线图进行深入的分析。最终系统全面地提出我国氢能利用产业发展战略，包括氢能产业发展存在的主要问题与挑战、产业发展条件基本判断、发展前景分析、产业发展指导思想、细分领域发展策略、保障措施与建议等。

本书适合氢能及燃料电池等相关能源行业从业人员阅读与参考。

图书在版编目（CIP）数据

氢能利用产业发展战略研究/王明华等著. —北京：科学出版社，2022.9

ISBN 978-7-03-072819-7

Ⅰ. ①氢… Ⅱ. ①王… Ⅲ. ①氢能–能源利用–产业发展–研究–中国 Ⅳ. ① F426.2

中国版本图书馆 CIP 数据核字（2022）第 142527 号

责任编辑：刘翠娜 / 责任校对：王萌萌
责任印制：师艳茹 / 封面设计：蓝正设计

科 学 出 版 社 出版

北京东黄城根北街 16 号
邮政编码：100717
http://www.sciencep.com

北京建宏印刷有限公司印刷
科学出版社发行　各地新华书店经销

*

2022 年 9 月第 一 版　开本：787×1092　1/16
2025 年 5 月第三次印刷　印张：12 1/2
字数：180 000

定价：198.00 元

（如有印装质量问题，我社负责调换）

本书研究和撰写人员

前　　言

　　氢能作为二次能源，在军事、航天等领域应用广泛而成熟，但在民用领域，各国的研究热度时有起伏，虽然 20 世纪 70 年代已有国家提出"氢经济"的概念，却始终未踏入商业化应用门槛。自 2016 年《巴黎协定》签署以来，全球节能减排的压力越发严峻，减少对化石能源的依赖并大力发展清洁能源的诉求愈加高涨。尤其是 2020 年 9 月 22 日，习近平主席在第七十五届联合国大会一般性辩论上发表重要讲话，中国将提高国家自主贡献力度，采取更加有力的政策和措施，二氧化碳排放力争于 2030 年前达到峰值，努力争取 2060 年前实现碳中和[①]。以此为背景，氢能再次成为关注焦点，再次进入发展"快车道"。与以往伴随石油价格高涨而形成氢能研究热潮不同，新一轮氢能产业的快速发展有三个全新的动力。它们的出现，很可能推动氢能正式进入商业化应用领域并形成规模化产业。

　　（1）第一个新动力来自于技术本身——氢能产业的相关技术已进入成熟期。

　　经过几十年的研发积累，氢产业链条从上游的制氢技术，中游的氢储运技术、加氢站技术至下游的氢能应用技术均已成熟，这为其商业化发展奠定了基础，所欠缺的实际上是成本竞争力。而随着商业化、规模化、产业化的发展，可以确定氢能的利用成本将有所降低。同时，民用领域安全技术的逐步完善，也为此提供了基础保障。

---

　　① 新华社. 习近平在第七十五届联合国大会一般性辩论上发表重要讲话. (2020-09-22). https://baijiahao.baidu.com/s?id=1678546408191276969&wfr=spider&for=pc.

（2）第二个新动力是可再生能源的高速发展为氢能产业提供了新的机遇。

BP（英国石油公司）在其《世界能源展望（2020年版）》中称，石油用超过四十年的时间达到全球10%的能源占比，而可再生能源可能只需要一半的时间。可再生能源的规模化、低成本生产，为氢能的转化、储存带来了更多的选择。同时，氢能还可解决由可再生能源快速发展所引发的消纳和存储等问题。氢储能发电可以起到电网削峰填谷的作用，同时可以长期存储并运输，无论是直接作为工业原料或者是作为能源供热、供电都是较佳的选择。氢能提升了全社会能源消费平稳过渡至新能源时代的可能性。

（3）第三个新动力则是为碳中和目标的实现提供了一条可选的重要路径。

气候变化问题是从1992年《联合国气候变化框架公约》到1997年《京都议定书》，再到《巴黎协定》提出并逐渐成熟的，自从习近平总书记提出"双碳"目标后，中国对CO_2的排放问题越来越关注。正是基于"双碳"目标愿景的提出，氢能在电力、工业、交通、建筑等消费领域，被越来越广泛、深入地进行着探索。

氢能系统是指氢的制备、储存、输配和应用系统的总称。相对应的氢经济是一种以氢的生产、运输、储存、转化、应用，以及相关标准规范等要素构成的经济结构。氢能和燃料电池发展已有广泛共识，但如何发展、发展方向缺乏系统性认识和规划，发展技术路线不明确，亟待统一思想、科学决策、尽早部署、尽早规划。对全面抢占全球氢能和燃料电池技术及产业发展的战略制高点、优化能源系统、提高能源安全环保性、促进高端装备与新材料产业发展、加快推进中国能源生产和消费革命、助力新时代能源转型升级具有重要意义。

　　为此，中国工程院 2019 年 4 月正式启动重大咨询研究项目"中国氢能源与燃料电池发展战略研究"，由彭苏萍院士、凌文院士担任课题负责人，国家能源集团牵头，依托钢铁研究总院、国家能源集团技术经济研究院、北京低碳清洁能源研究院、国家能源集团新能源有限责任公司、中国矿业大学（北京）等单位具体实施研究。下设五个子课题：氢能源与燃料电池对推进能源革命的作用、制氢供氢产业发展战略研究、燃料电池产业发展战略研究、氢能利用产业发展战略研究、我国氢能与燃料电池发展战略与政策建议。其中，国家能源集团技术经济研究院承担子课题四——氢能利用产业发展战略研究，研究氢能应用现状及趋势，提出氢能源利用产业发展的技术路线图，为项目目标提供支撑。

　　本书对氢能产业国内外发展现状进行了分析和政策解读，剖析了氢能产业对国民经济、社会发展等方面的重要意义，并对未来的发展趋势进行了设想。基于大的背景分析，本书对氢能产业在交通、发电、储能及其他应用领域四个大方向进行了细致的研究，对各个细分领域分别从发展现状、竞争力、存在的问题、发展趋势及发展路线图进行深入的分析。最终系统全面地提出了我国氢能利用产业发展战略，包括氢能产业发展存在的主要问题与挑战、产业发展条件基本判断、发展前景分析、产业发展指导思想、细分领域发展策略、保障措施与建议等。

目　　录

第 1 章

氢能产业发展现状

1.1 全球氢能产业发展基本概况

国际上，各大经济体均发布了氢能产业发展国家战略/路线图，或者正在制定的过程中。其中，发布氢能国家战略的有 11 个国家或地区：欧盟、日本、韩国、澳大利亚、荷兰、挪威、德国、葡萄牙、西班牙、芬兰、加拿大；发布氢能路线图的有 5 个国家：法国、新西兰、加拿大、俄罗斯、美国；正在制定氢能发展战略的有 11 个国家：中国、印度、奥地利、巴拉圭、乌拉圭、英国、丹麦、乌克兰、哥伦比亚、阿曼、摩纳哥。在这些国家和地区里面，具有影响力的是美国、欧盟、中国、日本、韩国。从这些年的发展路线来看，这几大阵营在氢能产业上的应用场景各有侧重，特点比较鲜明，比如，日本以燃料电池乘用车和家庭热电联产系统为主；韩国以燃料电池乘用车和分布式电站为主；欧盟以制氢为突破口，发展氢储能和天然气管网掺氢等应用；美国相对全面一些，关键材料、叉车、乘用车、重卡、分布式电站、备用电源等都有所布局；中国则以氢燃料商用车示范为主。

根据国际能源署（IEA）统计，截至 2020 年底，全球氢气需求量约 1.15 亿 t/a，其中"纯氢"的消费量为 7000 万 t/a，含氢混合气体的氢消费量为 4500 万 t/a[1]。氢气几乎全部来自化石能源，包括碳捕集与封存（CCS）的化石能源制氢和可再生能源制氢方式生产的低碳清洁氢占比不足 3%。

从全球氢能发展角度看，氢能及燃料电池产业依然蓬勃发展，产业链在技术上不存在障碍，技术不断迭代升级，产业发展已进入导入期，发展的重点在于扩大规模、降低成本、寻求适宜的商业模式。

1.1.1　全球氢燃料电池汽车产业现状

1.1.1.1　总体情况

2020 年，全球氢能和燃料电池产业发展速度明显加快，氢能通过燃料电池技术在交通领域已经有了一定的商业应用，截至 2020 年底，全球氢燃料电池汽车保有量达到 34218 辆，在运营的加氢站为 544 座，如图 1-1 所示。在乘用车和商用车方面，日本、美国、欧盟、中国均有一定数量的部署，虽然数量上为数尚小，但也开启了氢燃料电池产业的商业化进程。

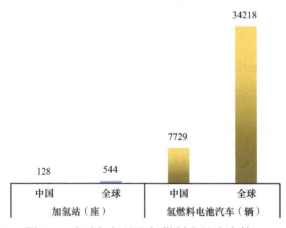

图 1-1　全球加氢站和氢燃料电池汽车情况

从全球氢燃料电池汽车发展类型来看，基本都是以乘用车为主、商用车为辅，以乘用车技术的发展来带动和促进氢燃料电池叉车，尤其是氢燃料电池重卡等商用车的发展 [2]。当前，在纯电动乘用车极速发展的大势之下，氢燃料电池乘用车的发展受到了极大的压力，故全球也在积极探索以重卡为重点方向的大功率、大容量需求的商用车领域。

从氢燃料电池汽车产业示范角度来看，全球各国结合自身发展的实际情况，选择适宜的商业模式，不断做大规模，降低成本，迭代技术，创造新的应用场景，形成良性的发展态势，促进产业的持续发展。例如，日本建设了全球最多的加氢站；韩国采取了几个城市集中试点，将安山、蔚山、万州和全州选为氢能经济候选城市；美国集中在加利福尼亚州（加州）推广氢燃料电池汽车，重点推动叉车在超市应用，创造应用场景；中国也在积极寻求应用场景和示范城市，并选择以商用车作为导入期。

1.1.1.2 重点国家情况

1. 美国

2020 年，受新冠疫情影响严重，美国全年氢燃料电池汽车投放数量不到 2019 年的一半，加州仅售出 937 台氢车，同比减少 55%，保有量为 8931 台（不包括氢燃料电池叉车），占全球 27%，美国氢燃料电池汽车保有量如图 1-2 所示。

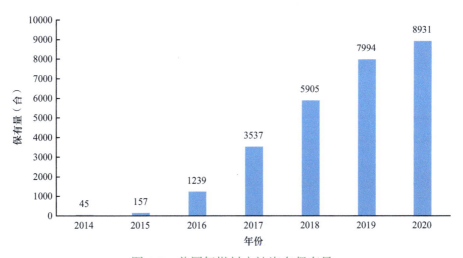

图 1-2 美国氢燃料电池汽车保有量

在产业层面，几大巨头继续扩大业务规模，拓展车端产品应用。巴拉德（Ballard）动力开发新一代氢燃料电池电堆，扩大其在商用车和乘用车上的应用；康明斯与纳威司达（Navistar）公司合作开发 8 级氢燃料卡车，并追加对路普能源科技有限公司（LOOP Energy）的投资推进商用车的应用；普拉格能源加速其在氢燃料电池汽车的布局，深化与零售巨头的合作，继续保持其在氢燃料叉车的龙头地位，同时与 Lightning System 公司合作开发了 6 级氢燃料电池商用车，形成较为可行的商业化逻辑。

在政策支持方面，2020 年美国相继出台多个氢能国家战略，支撑氢燃料电池汽车的规范化发展。如加州政府 2020 年 6 月通过了《先进清洁卡车法规》，其中规定了重卡实现零排放的时间表，从 2024 年开始到 2035 年，逐渐实现半数以上的新售卡车达到零排放，到 2045 年实现所有新上市卡车零排放的目标。

2. 日本

日本氢燃料电池汽车数量稳步增加，但全球占比逐渐下滑。2020 年日本共售出 761 台氢燃料电池汽车，保有量达 4456 台，较 2018 年增长 48%，较 2019 年增长 21%，但受其他国家尤其是韩国氢燃料电池汽车投放量激增的影响，全球占比从 2018 年的 22% 下滑至 14%（图 1-3）。

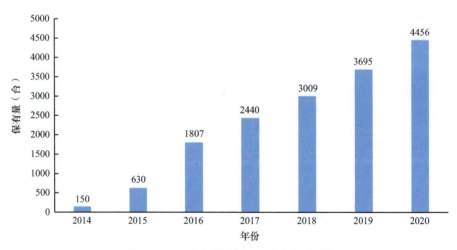

图 1-3　日本氢燃料电池汽车保有量

作为能源稀缺国家，日本一直以来都高度重视氢能产业的发展，尤其在氢燃料电池汽车领域，投入大量资源以支持氢燃料电池汽车的研制和商业化。2020 年，丰田、本田等车企继续在大力发展氢燃料电池乘用车的同时开始加快布局商用车领域。2020 年 12 月新一代丰田 Mirai 在各方面性能显著提升，成为行业标杆，续航能力提升至 850km，多项指标均得到大的提升，保持行业领先水平。2020 年 1 月，本田也宣布了其与五十铃汽车合作开发氢燃料电池卡车的趋向；3 月，丰田也宣布与日野汽车共同开发氢燃料电池重型卡车。

3. 欧盟

欧盟以德国为代表，氢燃料电池汽车保有量较少。2020 年，德国共售出 308 台，较上一年增加 100 台，保有量为 890 台，仅占全球的 3%（图 1-4）。

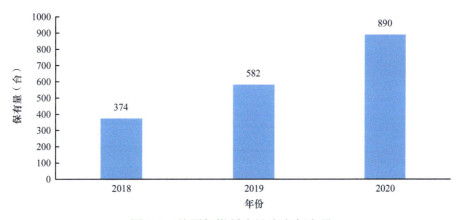

图 1-4　德国氢燃料电池汽车保有量

相对于世界其他地区，欧盟在氢燃料电池汽车发展方面速度明显滞后。2020 年欧洲主要国家陆续推出了氢能战略规划，提出明确的发展目标，其中围绕氢燃料电池汽车方面，11 月份的欧洲氢能周上，欧盟提出到 2030 年推广 1 万辆氢能卡车。2020 年 12 月，壳牌与戴姆勒、依维柯、奥地利石油天然气集团（OMV Group）及沃尔沃联合成立零排放氢气运输组织（H2Accelerate），旨在向欧洲市场大规模推广氢燃料重卡。

4. 韩国

韩国坚定的氢能发展战略，促使氢燃料电池汽车数量快速增长，全球保有量占比迅速提升。2020 年受益于韩国政府的大力补贴，韩国氢燃料电池汽车全年销量达到 5823 台，同比增长 39%，贡献了当年全球销量的 65%。截至 2020 年底，韩国累计投放氢燃料电池汽车 10906 台，较上一年实现翻倍，氢燃料电池汽车保有量占全球的 34%，成为首个氢燃料电池汽车保有量达到万辆级别的国家（图 1-5）。

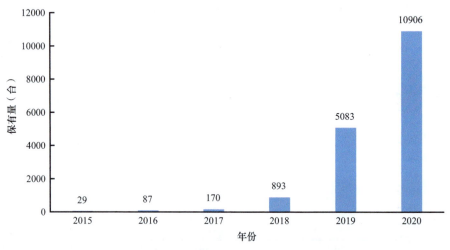

图 1-5　韩国氢燃料电池汽车保有量

韩国在氢燃料电池行业有着比较强的整体规划布局，可是其相关技术水平较欧、美、日略逊一筹。从 2019 年 1 月韩国政府发布的"氢能源经济发展路线图"中可以看出，意在推动全球氢燃料电池汽车的市场发展。以现代等汽车企业为代表，2020 年，现代 Nexo 累计销售量超过丰田 Mirai，成为氢燃料电池汽车销量第一，截至 2020 年底，现代 Nexo 自上市以来，在韩国本土累计销量突破了 10000 辆大关，成为全球首款在单一国家销量过万的氢燃料电池车型，其在销售上的成果很大程度上归功于韩国政府增加环保汽车供应的政策。未来，韩国政府计划到 2040 年氢燃料电池汽车累积产量增加到 620 万辆，并逐步对氢燃料电池出租车、公交车及卡车等提供资金补助。

1.1.2　全球氢燃料电池发电产业现状

1.1.2.1　总体情况

燃料电池除了在移动领域的应用外，也有在固定发电和便携领域等方面的应用，其中固定发电包括分布式发电、热电联产系统和备用电源，固定发电目前是除了车载应用外发展最好的领域[3]。

全球的分布式发电用的燃料电池基本以百千瓦级和兆瓦级为主，燃料电池发电系统处于相对稳定的工作工况，对空间的要求较低，多数的燃料电池类型都能适用，还同时能够达到热电联供的效果。采用分布式电源与大电网相结合的方案，有利于应对高峰期电力负荷给大电网带来的电力供应不足等困难。相比其他分布式发电能源，燃料电池发电具有效率高、洁净无污染、模块结构、积木性强以及稳定可控等特点，近年来成为各国政府和企业的重点发展对象。

欧盟的联合研究中心（Joint Research Center，JRC）的数据显示截至 2017 年全球的大型分布式燃料电池（＞200kW）累计部署超过 800MW，类型以熔融碳酸盐燃料电池（molten carbonate fuel cell，MCFC）、固体氧化物燃料电池（solid oxide fuel cell，SOFC）和磷酸燃料电池（phosphoric acid fuel cell，PAFC）等中高温燃料电池为主，质子交换膜燃料电池（PEMFC）部署较少。SOFC 又由于具有燃料种类广、无须贵金属催化剂、功率密度高等优势，是近些年来增长最快的一种类型。未来 SOFC 技术迭代和产业发展，主要是朝着更大容量和更低成本方向发展，在大型分布式电站和家用热电联产等应用场景中发挥其优势。

从成本角度看，氢燃料电池发电系统的单位千瓦投资还是非常高的，各个国家和地区要推动氢燃料电池发电产业的发展，都离不开政府的引导和大力支持，尤其在商业化尚未成型的前期导入阶段，财政补贴尤为重要；大学、政府和企业集团的产学研合作机制也是发展的重要推动力。

截至 2020 年，全球的燃料电池出货量超过 8 万台（图 1-6），固定领域的出货数量占据绝对的主流，主要受益于小型家用热电联产系统的出货数量众多，其中日本 ENE-FARM 项目的家用燃料电池热电联产出货是主要因素。

图 1-6　全球燃料电池出货数量

来源：E4tech. The fuel cell industry review 2020. www.e4tech.com

从燃料电池的出货种类来看，PEMFC 和 SOFC 的出货数量最多，出货量方面 PEMFC 占据主导地位，PAFC、直接甲醇燃料电池 DMFC（direct methanol fuel cell）和碱性燃料电池 AFC（alkaline fuel cell）可以忽略不计（图 1-7）。

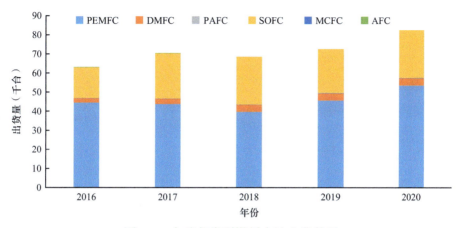

图 1-7　全球各类型燃料电池出货数量

从图 1-8 全球各类型燃料电池出货容量可以看出，PEMFC 规模最大，在燃料电池汽车和家用热电联产系统中应用较多；SOFC 年增长幅度仅次于 PEMFC，在大型分布式电站和家用热电联产系统均有应用；PAFC、MCFC 全部应用于大型的分布式电站，MCFC 出货容量逐渐萎缩；DMFC 和 AFC 可以忽略不计。

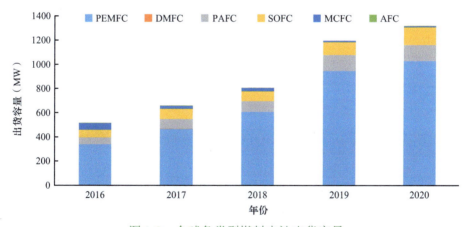

图 1-8　全球各类型燃料电池出货容量

1.1.2.2　重点国家情况

按燃料电池类型来看，平板式 SOFC 市场最大，其中美国又是世界上最大的 SOFC 市场，其次是韩国，如图 1-9 所示。据研究机构 MarketsandMarkets[TM] 数据显示，2020 年全球 SOFC 市场规模约为 7.7 亿美元，到 2025 年预计将达到 28.8 亿美元，复合年均增长率约 30%[4,5]。该市场主要驱动力：一是政府补贴的燃料电池项目研发投入，二是燃料多样性的高能效发电需求及欧洲、北美日趋严格的排放标准。

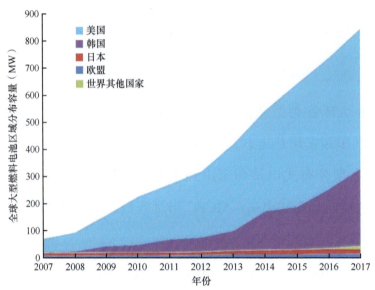

图 1-9　全球大型分布式燃料电池区域分布情况
来源：欧洲委员会联合研究中心

1. 美国

从全球市场来看，美国的 SOFC 累计装机量处于绝对领先地位，在 200kW 以上规格的固定式电站中，SOFC 的投放量最大，装机量累计约 500MW。美国 SOFC 的装机量主要由 Bloom Energy（布鲁姆能源）公司贡献：截至 2020 年，该公司已累计投放 350MW 的 SOFC 产品，其中将近半数投放于加利福尼亚州。

目前，美国在千瓦级模组开发上已经取得阶段性成就，Bloom Energy 公司的产品目前据称可以达到 60% 的效率。但在兆瓦级 SOFC 的开发以及成本目标上还远远未能达标，尤其在中大型（100kW ~ 1MW）SOFC 系统成本方面迟迟未有进展。虽然在 2018 年便提出到 2020 年将系统成本降至 900 美元/kW 的目标，但截至 2020 年，系统成本仍然高居 12000 美元/kW，如表 1-1 所示。

表 1-1　美国 SOFC 系统成本及示范规模发展目标

指标	2020 年	2030 年目标
系统成本	大于 1.2 万美元/kW	900 美元/kW
示范规模	5 ~ 200kW	分布式发电用：兆瓦级 公用事业：10 ~ 50MW 级

资料来源：美国能源部。

2. 日本

日本主要围绕家庭用热电联供系统 ENE-FARM，同时推广 PEMFC 和 SOFC 两种技术路线。企业方面，松下和东京燃气一起开发 PEMFC，爱信精机、大阪燃气、京瓷和丰田汽车共同开发 SOFC。东芝由于核电业务放弃了 ENE-FARM 家用热电联产项目，逐渐开始大力推进 100kW 的氢燃料电池系统 H2One 和 H2Rex，已经在国内安装了几十台，并出口海外市场。更多的公司正在大力研发 SOFC 型商业用分布式发电系统。截至目前，日本 ENE-FARM 项目在日本已经推广超 32 万套 SOFC 家用系统，保有量位居全球第一，其中 SOFC 产品占比约为 40%。

然而，5 ~ 200kW 容量范围内的固定燃料电池在日本是非常少的。200kW 以上的大规模部署更是罕见，自 2007 年以来增加的总容量不足 10MW。按照日本的氢能发展规划，计划到 2030 年大型燃料电池发电达到 1GW，到 2050 年达到 15 ~ 30GW。

3. 欧盟

与日本相似，欧盟 SOFC 市场主要应用为微型热电联供系统 Micro-CHP 系统。自 2012 年起，欧洲燃料电池和氢能联合组织（FCH-JU）在欧盟启动示范项目，历时 5 年，共支持了 1046 套 300W ～ 5kW 的 PEM 和 SOFC 的 Micro-CHP 系统。据 2019 年发布的欧洲氢能路线图，计划 2021 年前安装超过 25000 个家用燃料电池微型 CHP 系统，到 2040 年欧洲主要国家家用燃料电池微型 CHP 系统需求总量能达到 250 万台。

4. 韩国

韩国已成为燃料电池用于公用事业规模发电的全球领导者，总部署量达 370MW。该国的贸易、工业和能源部发布的电力供应需求计划表明，到 2022 年韩国燃料电池部署量将进一步扩展到约 600MW。目前韩国 SOFC 也主要应用于公用事业领域，市面上的主流技术来自国外的英国锡里斯电力公司和 Bloom Energy 两家公司，由斗山集团和韩国 SK 工程建设公司（SK E&C）分别引进推广。

在韩国，对能源的高需求，加上对可再生能源雄心勃勃的整合计划，似乎已经为其成为世界公用事业规模燃料电池发电的领导者铺平了道路。大规模固定燃料电池的累计部署已达到总装机容量超过 300MW，并计划在未来几年内进行大量的额外项目。根据 2019 年韩国发布的氢能路线图，计划 2022 年国内的固定分布式发电将达到 1GW，2040 年达到 8GW。

1.1.3　全球氢能产业发展政策预期

2017 年，国际氢能委员会在《氢能源未来发展趋势调查报告》中提出，到 2030 年，氢燃料电池乘用车将达到 1000 万～1500 万辆，氢燃料电池卡车将达到 50 万辆。此外，预计氢能还将被普遍用于工业领域、供热领域、发电领域、储能等。到 2050 年，在全球气候变暖控制在 2℃ 以内的前提下，氢能源需求将是目前的 10 倍，在世界能源终端消费中占比将达到 20%。

此外，据 BP《世界能源展望（2020 年版）》估算，到 2050 年氢能在工业行业终端能源消费总量的占比约为 10%，在净零情景中约为 18%。据 IEA 预测，到 2050 年全球氢能需求量 5.3 亿 t，占终端能源的 13%。

由此可见，氢能的概念将不再局限于目前的化工原料，能源属性的扩展将使它的应用更加广泛。在 IEA 的报告中对氢能在未来能源体系中的作用做了非常形象的概述，氢能在传统能源和可再生能源之间的耦合作用将无与伦比，将使供电网、供热网、交通网、原料网整合到一起，成为未来的能源枢纽。

世界主要发达国家近年来大力支持氢能产业发展，在未来 5～10 年内，氢能产业的技术攻坚、产业规模将进入快速发展阶段。

美国燃料电池和氢能协会于 2019 年 11 月发布《美国氢能经济路线图》，计划至 2025 年，美国燃料电池汽车运营数量将达到 20 万辆，叉车达到 12.5 万辆，建设加氢站 1180 座，氢气需求达到 1300 万 t。

日本政府于 2019 年 10 月发布了新版《日本氢和燃料电池战略路线图》，该战略着眼于三大技术领域：①燃料电池技术领域；②氢供应链领域；③电解技术领域。战略目标是：到 2025 年，实现 20 万辆燃料电池汽车保有量，到 2030 年，计划达到 80 万辆；燃料补给网络包括 900 个加氢站。

欧洲燃料电池和氢能联合组织（FCH-JU）于 2019 年 2 月发布《欧洲氢能路线图：欧洲能源转型的可持续发展路径》，提出到 2030 年氢燃料电池乘用车将达到 370 万辆，氢燃料电池轻型商业运输车将达到 50 万辆，氢燃料电池卡车和公共汽车将达到 4.5 万辆，并在建筑物中替代 7% 的天然气，氢能产业将为欧盟创造约 1300 亿欧元产值。

韩国政府于 2019 年 1 月正式发布《氢能经济发展路线图》，计划到 2025 年打造年产量达 10 万辆的生产体系，到 2040 年氢燃料电池汽车累计产量增至 620 万辆，普及 4 万辆氢燃料电池公交车，氢燃料电池汽车充电站增至 1200 个。届时，氢燃料电池汽车售价有望降至 3000 万韩元。

1.2 国内氢能产业发展概述

1.2.1 产业规模

中国大力推动氢能和燃料电池汽车产业发展，根据《中国氢能源及燃料电池产业白皮书（2020）》的数据，截至 2019 年，我国氢气产能约 4100 万 t，产量约 3342 万 t，约占终端能源消费总量的 2.7%。其中，煤制氢 2124 万 t，天然气制氢 460 万 t，工业副产氢 708 万 t，电解水制氢约 50 万 t。截至 2020 年，我国已建成加氢站 128 座，氢燃料电池汽车销量 7355 辆。我国已成为全球第一大制氢国，并形成全球最大的氢燃料电池商用车市场[6,7]（图 1-10）。

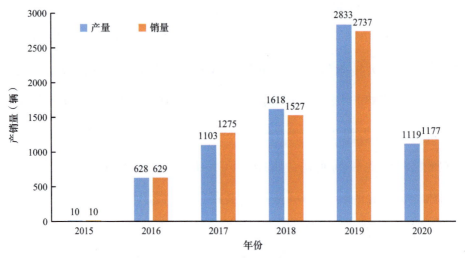

图 1-10　中国氢燃料电池车产销量

1.2.2　产业政策

1.2.2.1　国家政策

"双碳"目标下，寻找清洁、低碳甚至零碳、安全便捷、来源丰富的可再生能源已经成为全社会共同努力的目标。其中，氢能受到了高度关注，普遍认为氢能将成为重要的替代能源。这主要由其自身性质所决定：氢能可成为清洁、高效和安全的二次能源；可实现电、气、热等不同能源形式的相互转化；可应用于交通运输、工业用能、建筑供热供电等多个重要工业、民生领域；同时，其产业链完整，涉及上游制氢、中游储运氢气、下游应用和加氢站的建设等多个环节和领域，形成强大的经济带动效应，具有强大的商业增长潜力。由此，氢能已经成为我国能源结构调整的重要战略方向之一。2019 年，中国第一次将氢能相关内容纳入政府工作报告，2020 年，中央政府再次表达了继续支持氢能产业的发展，主要有如下政策，相关政策文件如表 1-2 所示。

（1）完成制定氢能的标准体系和支持政策。

2020 年 3 月，发改委、司法部印发《关于加快建立绿色生产和消费法规政策体系的意见》，其中对于促进能源清洁发展方面，要求加大对分布式能源、智能电网、储能技术、多能互补的政策支持力度，研究制定氢能、海洋能等新能源发展的标准规范和支持政策。

（2）氢能被纳入能源定义。

2020 年 4 月，国家能源局发布关于《中华人民共和国能源法（征求意见稿）》，氢能被列为能源范畴，这是中国第一次从法律上确认了氢能属于能源。

（3）"以奖代补"政策的提出。

2020 年 4 月，国家四部委（财政部、工信部、科技部、发改委）联合发布《关于调整完善新能源汽车补贴政策的通知》，提出了"以奖代补"和"四年窗口期"等具体意见，明确奖金拨付形式，由地方统筹发放、分阶段发放、分项打分发放；重点推进"优质区域"产业发展。

（4）氢燃料电池示范城市群正式出台。

2020年9月，财政部、工信部等五部门发布《关于开展燃料电池汽车示范应用的通知》，提出将对燃料电池汽车的购置补贴政策调整为燃料电池汽车示范应用支持政策，即氢燃料电池汽车版"十城千辆"正式出台，燃料电池汽车关键核心技术产业化攻关和示范应用成为重点，关键零部件的国产化有望进一步加快。技术层面明确指向长途重载、更高参数、更低使用价格；申报路径鼓励城市组队申报，联合开展示范。据不完全统计，有17个示范城市群提交了申报材料。截至2021年9月1日，已经宣布的首批示范城市群有北京、上海、广东。

表 1-2　国家氢能相关政策汇总表

时间	政策文件	发布机构	描述
2015 年 5 月	《中国制造 2025》	国务院	继续支持电动汽车、燃料电池汽车发展，形成从关键零部件到整车的完整工业体系和创新体系，推动自主品牌节能与新能源汽车同国际先进水平接轨
2016 年 5 月	《国家创新驱动发展战略纲要》	中共中央、国务院	开发氢能、燃料电池等新一代能源技术
2016 年 3 月	《能源技术革命创新行动计划（2016-2030 年）》《能源技术革命重点创新行动路线图》	发改委、国家能源局	研究基于可再生能源及先进核能的制氢技术、新一代煤催化气化制氢和甲烷重整/部分氧化制氢技术、分布式制氢技术、氢气纯化技术，开发氢气储运的关键材料及技术设备，实现大规模、低成本氢气的制取、存储、运输、应用一体化，以及加氢站现场储氢、制氢模式的标准化和推广应用

续表

时间	政策文件	发布机构	描述
2016 年 5 月	《国家创新驱动发展战略纲要》	中共中央、国务院	开发氢能、燃料电池等新一代能源技术
2016 年 6 月	《中国制造 2025-能源装备实施方案》	发改委、工信部、国家能源局	技术攻关：百千瓦级质子交换膜燃料电池（PEMFC），百千瓦至兆瓦级固体氧化物燃料电池（SOFC）发电分布式能源系统 试验示范：依托《能源科技发展"十三五"规划》及相关能源中长期战略规划，确定示范工程推动燃料电池装备的试验示范
2016 年 12 月	《"十三五"国家战略性新兴产业发展规划》	国务院	推动车载储氢系统以及氢制备、储运和加注技术发展，推进加氢站建设。到 2020 年，实现燃料电池汽车批量生产和规模化示范应用
2016 年 12 月	《能源技术创新"十三五"规划》	国家能源局	集中攻关类：燃料电池（氢能）催化剂材料研究；高效低成本氢气储运技术 示范试验类：可再生能源制氢示范工程；燃料电池分布式发电示范项目
2017 年 6 月	《"十三五"交通领域科技创新专项规划》	科技部、交通运输部	推进氢气储运技术发展，加氢站建设和燃料电池汽车规模示范
2019 年 1 月	《柴油货车污染治理攻坚战行动计划》	生态环境部、发改委等 11 个部委	鼓励各地组织开展燃料电池货车示范运营，建设一批加氢示范站
2019 年 3 月	《政府工作报告》	国务院	推动充电、加氢等基础设施建设
2019 年 11 月	《关于推动先进制造业和现代服务业深度融合发展的实施意见》	发改委等 15 个部委	推动氢能产业创新、集聚发展，完善氢能制备、储运、加注等设施和服务
2020 年 1 月	《产业结构调整指导目录（2019 年本）》	发改委	将氢能首次纳入产业结构目录，"氢能、风电与光伏发电互补系统技术开发与应用"与"高效制氢、运氢及高密度储氢技术开发应用及设备制造，加氢站及车用清洁替代燃料加注站"列入鼓励类
2020 年 3 月	《关于加快建立绿色生产和消费法规政策体系的意见》	发改委、司法部	研究制定氢能、海洋能等新能源发展的标准规范和支持政策

续表

时间	政策文件	发布机构	描述
2020 年 4 月	《中华人民共和国能源法（征求意见稿）》	国家能源局	"氢能"首次纳入能源定义
2020 年 4 月	《国家能源局综合司关于做好可再生能源发展"十四五"规划编制工作有关事项的通知》	国家能源局	结合储能、氢能等新技术，提升可再生能源在区域能源供应中的比重
2020 年 4 月	《关于调整完善新能源汽车补贴政策的通知》	财政部、工信部、科技部、发改委	提出了"以奖代补"和"四年窗口期"等具体意见，明确奖金拨付形式，由地方统筹发放、分阶段发放、分项打分发放；重点推进"优质区域"产业发展
2020 年 9 月	《关于开展燃料电池汽车示范应用的通知》	财政部、工信部、科技部、发改委、国家能源局	提出将对燃料电池汽车的购置补贴政策，调整为燃料电池汽车示范应用支持政策，即氢燃料电池汽车版"十城千辆"正式出台

来源：国家能源集团技术经济研究院。

1.2.2.2 地方政策

中国地方政府对支持氢能发展显示出极大热情。据统计，全国目前有北京、河北、河南、陕西、山西、安徽、湖北、四川、辽宁、山东、江苏、上海、浙江、广东等省市仅 2020 年一年就出台了超 40 份的相关氢能产业规划和路线图，且这个数字仍在持续增加中。

地方政策从整体上看有如下共同特点：①地理位置主要集中在京津冀、长三角、珠三角经济发达地区；②区域具备一定的产业基础，或拥有制氢基础产业，或拥有燃料电池制造企业，或拥有大型汽车企业；③地方政府规划内容基本进行了规模量化，并有较为明确的扶持路径。

截至 2020 年底，共有 37 个省、市级地方政府对包括氢燃料电池在内的新能源汽车给予补贴，其中省级（含直辖市）发布 10 项，其余为市、县级。

此外，各地政府还建设（含在建）了超过 30 个氢能和燃料电池产业园，吸引氢能和燃料电池企业落地，长三角和珠三角是目前热度最高的地区。

在上述国家政策和地方规划的背景下，推广包括氢能在内的清洁能源已成为不可阻挡的趋势。随着燃料电池关键零部件的降本和相关国家地方政府支持政策的出台，氢能及氢燃料电池产业有望迎来快速发展阶段。示范城市群项目的落地，将带动氢燃料电池在商用车领域的推广，促进重点地区氢能产业链的完善。

1.2.2.3　行业目标

2020 年 10 月 27 日，中国汽车工程学会正式发布《节能与新能源汽车技术路线图 2.0》（以下简称路线图 2.0）。原先路线图定的 2020 年氢燃料电池汽车规模是 5000 辆，现在这个数字远远落后于实际发展状况。路线图 2.0 提出了我国汽车技术发展愿景与目标，总体目标是，到 2035 年，节能汽车与新能源汽车年销量各占 50%，汽车产业实现电动化转型，其中氢燃料电池汽车保有量达到 100 万辆，商用车实现氢动力转型。最关键的技术路线部分，路线图 2.0 提出，10 年内商用车电堆成本要降至 400 元/kW。将发展氢燃料电池商用车作为整个氢燃料电池行业突破口，以客车和城市物流车为切入领域，重点在可再生能源制氢和工业副产氢丰富的区域推广中大型客车、物流车，逐步推广至载重量大、长距离的中重卡、牵引车、港口拖车及乘用车等。2030～2035 年实现氢能及燃料电池汽车的大规模推广应用，氢燃料电池汽车保有量达到 100 万辆左右，完全掌握燃料电池核心关键技术，建立完备的燃料电池材料、部件、系统的制备与产业链。

1.2.3 中央企业布局

2021 年 7 月 16 日国新办 2021 年上半年中央企业经济运行情况举行新闻发布会，指出超过三分之一的中央企业已经在制定包括制氢、储氢、加氢、用氢等全产业链的布局，取得了一批技术研发和示范应用成果。未来有氢能资源的企业重点发挥资源优势，有场景应用的企业集中发力核心零部件技术研发布局。以电力、石油等能源类央企为主导，氢能产业链涵盖了上游制氢、储氢、运氢、销售，中游燃料电池制造以及应用等诸多环节。横跨能源（石油化工）、船舶、汽车、核能、电力、设备、节能环保、钢铁、军工、建设等多个领域的央企纷纷布局，如表 1-3 所示。到 2021 年，中海油（燃料电池）、中国能建（加氢站）、中钢国际（产业链）、中国华润（加氢站）、中国化学工程集团（产业链）也纷纷布局氢能产业相关领域。

表 1-3　中央企业在氢能产业的布局情况（截至 2020 年底）

序号	领域	央企名称	制氢	燃料电池	加氢站	储氢	燃料电池整车	运氢	其他
1	核能	中国核工业集团有限公司	核制氢						氢冶金
2		中国广核集团有限公司		燃料电池					氢能产业基会
3	电力	国家电网有限公司				储氢			
4		中国华能集团有限公司	制氢						
5		国家电力投资集团有限公司（国家电投）	制氢			储氢			产业投资基金
6		中国南方电网有限责任公司				储氢			
7		中国长江三峡集团有限公司	制氢						

续表

序号	领域	央企名称	制氢	燃料电池	加氢站	储氢	燃料电池整车	运氢	其他
8	能源/电力	国家能源投资集团有限责任公司	制氢		加氢站		燃料电池重卡		
9	设备	中国东方电气集团有限公司		氢燃料电池			燃料电池公交		
10	石油化工	中国石油天然气集团有限公司			加氢站				
11		中国石油化工集团有限公司			加氢站				
12		中国中化集团有限公司		氢燃料电池					
13	节能环保	中国节能环保集团有限公司	制氢	氢燃料电池					
14	汽车	中国第一汽车集团有限公司					氢燃料整车		
15		东风汽车集团有限公司					氢燃料整车		
16		中国中车集团有限公司					氢燃料整车		
17	船舶	中国船舶重工集团有限公司	制氢	氢燃料电池		储氢		运氢	
18	钢铁	中国宝武钢铁集团有限公司	制氢					运氢	
19		中国钢研科技集团有限公司		氢燃料电池					
20	军工	中国航天科技集团有限公司	制氢	氢燃料电池					
21		中国兵器工业集团有限公司		氢燃料电池					
22	建设	中国葛洲坝集团有限公司				储氢			

续表

序号	领域	央企名称	制氢	燃料电池	加氢站	储氢	燃料电池整车	运氢	其他
23	机械	中国机械工业集团有限公司		氢燃料电池					
24	金属	中国铝业集团有限公司		氢燃料电池					
25	飞机	中国商用飞机有限责任公司		氢燃料电池					
26	咨询	中国国际工程咨询有限公司		氢燃料电池					服务咨询

来源：国家能源集团技术经济研究院。

从氢能产业链布局来看，当前中国氢能发展处于初期，各大央企从氢能基础设施建设、关键技术研发、产品推广应用等场景都有所布局。重点是从制氢、氢燃料电池研发以及加氢站建设上进行布局，这主要是因为在各类新能源中，氢能与传统油气产业链最为紧密，石油公司具有资源规划、炼化生产（制氢用氢）、油气储运零售终端建设与运维等多方面的技术基础与整合优势。

与此同时，核心零部件关键技术研发成为各大央企关注重点。央企专注于研发氢燃料电池，突破核心技术，建立自主知识产权。国家电投、中石化、国家能源集团、东方电气、中化集团、中国航天、兵工集团、中船重工、中节能集团等企业积极参与氢燃料电池研发环节。未来对在氢端没有资源优势、又想在新能源战略发展中获得一席之地的央企来说，核心零部件的投资空间会更大。由于中国氢燃料电池技术跟国外技术差距较大，多数核心零部件依赖进口。央企采用走出去技术引进和自主研发相结合，寻求突破技术壁垒、掌握氢燃料电池核心零部件自主知识产权、实现国产化是产业的方向，是国家先锋队积极践行者。

1.2.4　当前我国的氢能产业发展总体特点

经过多年科技攻关，中国已掌握了部分氢能基础设施与一批燃料电池相关核心技术，制定出台了国家标准近百项，具备一定的产业装备及燃料电池整车的生产能力，国内氢能源产业呈现出快速发展的态势。全国除西藏外，各省市纷纷出台文件政策，加快培育一批拥有氢能源产业关键技术、核心装备和创新能力的企业，并且开始布局关键材料和核心部件以及制氢、储运、加氢站、燃料电池汽车、燃料电池发电系统等重点环节[8,9]。

大型能源或制造企业稳妥布局氢能产业。2018 年以来，国家电投、中石化、中石油、中船集团、中国航天科技集团、东方电气和中广核等近 20 家央企以及兖矿集团、潍柴动力股份有限公司、上汽集团、浙江浙能电力股份有限公司等大型省属国企都通过整合内部资源，大力打造氢能发展专业化平台。与此同时，丰田、法国液化空气集团、现代、美国空气化工产品公司等大型跨国企业也纷纷加入我国氢能产业，截至 2018 年底，国内氢能及燃料电池产业链涉及规模以上企业约 309 家，大型能源与制造业企业数量占比约 20%。

氢能基础设施领域投资逐步开展。随着"推动充电、加氢等设施建设"列入 2019 年《国务院政府工作报告》，结合中石化、国家能源集团、国家电投等大型能源企业加大氢能产业布局，氢能基础设施将成为投资重点。区域产业集聚效应初步显现，目前形成了以北京为代表的京津冀地区、以上海为代表的长三角地区、以广东为代表的珠三角地区。

相继出台的国家及地方相关政策表明：一是我国的氢能产业发展已从集中技术攻关阶段转向规模化示范应用阶段；二是现阶段侧重于加强制氢与加氢等能源基础设施服务；三是可再生能源绿氢能将成为未来氢能源增量的发

展趋势。判断"十四五"期间，我国将量化氢能在能源体系的发展目标，形成自上而下相对健全的行业发展指导意见、发展路径及保障措施，氢能产业将进入可持续健康发展通道。

第 2 章

氢能在交通领域的应用及发展趋势分析

目前，面对世界范围内日益严重的化石能源短缺和环境问题，各国都在积极寻求应对方案，在这一背景下交通领域提出发展新能源车辆（包括乘用车、商用车、特种车、有轨电车等）的重要举措。我国机动车保有量已从2000年的210万辆跃升至2020年的3.72亿辆，机动车的飞速发展带来了沉重的能源与环境压力[10]。一方面，我国的石油对外依存度已从21世纪初的26%增加至2020年的73%，远超国际安全警戒线，严重影响了我国的能源安全；另一方面，我国能源利用结构中仍以化石能源为主体，其加工转化过程产生的有害排放物和CO_2增大了环保压力，我国在发展新能源车辆上具有更迫切的需求。

在新能源车辆的诸多技术路线中，氢燃料电池车辆不仅能够摆脱对化石燃料的依赖，并且氢气的热值（单位质量）较高、来源多样、可再生，其燃烧产生的水对环境没有任何影响，是能够完全避免碳排放的、理想的长期替代能源。因此，氢燃料电池车辆被认为是未来交通领域可持续发展的理想方案之一。近年来，多国都着力部署氢能发展，对于我国来说，发展氢燃料电池车辆还对改善能源结构、推动交通领域低碳转型，以及提升重点产业国际竞争力和科技创新力具有特殊的战略意义[11-13]。

在此背景下，本章对氢燃料电池车辆的核心技术、发展现状、关键问题和相关政策等进行了梳理，探讨了中国氢燃料电池车辆产业的特点，并提出了现阶段针对性的发展建议。

2.1　氢燃料电池乘用车的应用及发展趋势

乘用车辆主要指小型乘用车，小型乘用车由于其车体质量较轻、运行范围有限等特点，故而对燃料电池系统技术的要求较低，有望成为目前燃料电池应用的前沿领域。

2.1.1 产业发展现状分析

世界各国都在投入大量资源以支持氢燃料电池乘用车的研制和商业化。日本丰田、本田和韩国现代等公司均已推出量产的氢燃料电池乘用车，而我国也把氢燃料电池乘用车产业列入《国家创新驱动发展战略纲要》《中国制造 2025》《汽车产业中长期发展规划》等重要战略纲要中。

日本丰田汽车公司于 2014 年 11 月发布了 Mirai 氢燃料电池乘用车，并于同年 12 月开始销售。Mirai 氢燃料电池乘用车续航里程可达 502km，最高时速为 175km/h，其性能已能与现有锂电池电动车特斯拉 Model S 车型相媲美。同时，为了促进全球氢燃料电池车辆技术的发展，丰田汽车公司在全球范围免费释放了约 5610 项专利（2020 年前使用）及约 70 项永久免费的加氢站专利。2019 年 10 月 11 日，日本丰田汽车公司发布了第二代 Mirai 氢燃料电池车型，新车型的续航里程较第一代车型增加了 30%（可达 644km）。

在 2014 年日本丰田汽车公司发布 Mirai 氢燃料电池乘用车后，本田汽车公司也推出了其研制的 Clarity 氢燃料电池乘用车，其性能与 Mirai 接近。2017 年最新发布的 Clarity 氢燃料电池乘用车采用了最新的燃料电池电压控制单元（fuel cell voltage control unit，FCVCU），FCVCU 使用了新的四相位驱动技术，可采用更小的电容，进一步提高该车型的车内空间和驾驶舒适度。

同样在 2014 年，韩国现代集团推出了其研制的氢燃料电池乘用车 NEXO。该车通过对发动机舱盖下的电机、驱动单元和燃料电池电堆进行优化和高度集成，不但让系统体积和重量都有所下降，还把系统效率大幅度提高到了 60%，输出功率可达 154 马力[①]，最高时速可达 179km/h。该车装备了 3 个储氢罐，可在 5min 内加满氢气，实现 609km 的续航里程。

目前，丰田 Mirai 和现代 NEXO 的部署情况良好，作为燃料电池乘用车的领导者，丰田与现代两者风格迥异：丰田重视国际市场，现代则深耕本土市场。得助于较早的发售时间，市场上丰田 Mirai 的占有量仍处于领先地位，但随着现代 NEXO 的评价稳步提升，2019 年其出货量高于 Mirai，呈赶超趋势。面对现代 NEXO 的竞争，丰田推出了新款 Mirai，这是一款比老款外形更时尚的车，有着轿车、跑车外形，行驶里程更长，开始为全球车展增色。其他公司的出货量远远落后于丰田和现代，本田 Clarit 氢燃料电池的出货量很少，对自己未来的意图也没有发出声音，不过本田汽车公司仍保留着与通用汽车公司的一项开发协议。另一家拥有商业化燃料电池电动车（fuel cell electric vehicle，FCEV）的制造商戴姆勒股份公司也保持低调，上路的车辆非常少。

目前，欧洲的制造商们正集中精力生产电池汽车，以避免二氧化碳排放法规收紧时的高额罚款。宝马公司在 2019 年法兰克福车展上发布了 iHydro-gen NEXT 概念车，并表示在 2022 年可能推出一款以燃料电池为动力的小型 X5 系列，但预计要到 2025 年才能实现商业化；退出燃料电池行业已有 10 年左右的法国标致雪铁龙集团证实他也有回归燃料电池生产的长期计划；德国奥迪汽车公司将加大对燃料电池技术的投资，当年计划在 2021 年之前进行有限量产的 FCEV 试生产。

在中国，随着电动汽车的快速发展，氢燃料电池乘用车竞争力较弱。上海汽车集团（以下简称上汽集团）的荣威 950 目前算是国内唯一在运营的氢燃料电池乘用车，其他制造商的轿车项目也在进行中。

---

① 1 马力≈0.75kW。

2.1.2 竞争力分析

表 2-1 对比了氢燃料电池车与纯电动车的技术性能。可以发现，氢燃料电池汽车在续航里程和充能时间上具有明显优势。续航里程很大程度上由电池系统能量密度决定。氢燃料电池平均能量密度是纯电动车的 5.6 倍。

表 2-1　氢燃料电池车与纯电动车的技术性能对比

项目	氢燃料电池车（以 Mirai 为例）	纯电动车
续航里程	650km	850km
补充方式	公共加氢站	家庭充电桩或公共充电桩
补充时间	3 ～ 5min	快充 2 ～ 3h，慢充 8 ～ 10h
行驶能耗	0.013kg 氢气/km	0.15kWh/km
行驶成本（仅电能、燃料费用）	0.2 ～ 0.8 元/km	0.3 ～ 0.4 元/km
补充站成本	1500 万～ 2000 万元（加氢站）	300 万～ 500 万元（充电站）
电池占整车成本	60% ～ 70%（燃料电池+储氢系统）	35% ～ 45%
电池能量密度	1800Wh/kg	320Wh/kg

充能时间上，氢燃料电池车的充能时间远远低于纯电动车的充电时间，不过就充能设备的建设成本来说，加氢站的成本远远高于充电站的成本。并且当前纯电动车产业发展更为完善，尽管纯电动车存在能量密度低和充电时间长的缺陷，还是具有一定的竞争性。中科院欧阳明高院士曾提出：氢燃料电池更适合替代使用柴油的长途运输车和客车，纯电动车更适合应用于小型乘用车领域。不过，随着未来加氢站建设技术的提高和成本的下降，以及储氢技术的不断提高，氢燃料电池乘用车的优势可能会逐渐凸显 [14]。

2.1.3 产业发展存在的问题

随着新能源概念的发展和普及，近期商用级氢燃料电池乘用车的市场初见起色，截至 2021 年 1 月，丰田 Mirai 全球保有量为 12467 辆，现代 NEXO

全球保有量 12953 辆。影响氢燃料电池乘用车销量的因素有很多，但主要可归纳为以下 3 点：

（1）目前，我国政府及地方补贴政策给予氢燃料电池乘用车的资金支持远远低于给予氢燃料电池商用车的资金支持，具体表现在同一套燃料电池电堆系统用于商用车获得的补贴金额远高于乘用车。

（2）氢燃料电池乘用车的研究成本相对较高，技术研发周期长、产量低，氢燃料电池电堆等零部件的成本一直居高不下，进而拉升了氢燃料电池乘用车的售价，昂贵的价格迫使很多人对于购买氢燃料电池乘用车持观望态度。

（3）氢能基础设施建设相对滞后，民用氢燃料电池乘用车的推广离不开加氢站等基础设施的跟进，从氢源到储氢，加氢站的建设、运营、管理等多个环节尚未打通。对比充电站建设，加氢站建设和运营成本高，氢燃料电池汽车的市场化进程目前明显落后于纯电动汽车。同时，长时间储氢技术的安全性也是一个重要的限制因素，间接限制了氢燃料电池乘用车的普及。

（4）我国尚未形成以企业为主体的协同创新机制，规模化、高可靠性产品的产业化能力尚未形成。在氢燃料电池乘用车发展过程中，我国企业整体投入不足，技术水平落后，与国际一流水平还存在较大差距，一些关键技术基本依赖进口。

2.1.4　发展趋势展望

作为新能源汽车的重要发展方向，氢燃料电池乘用车具有零排放、高效能、长续航、充能时间短等优势，是传统纯电动车无法比拟的。因此，发展氢燃料电池乘用车在中国汽车强国版图上是必不可少的举措。

近期氢燃料电池乘用车的发展应以技术改革创新为基础，包括燃料电池核心材料、燃料电池过程机理、燃料电池系统层级的集成技术和应用于整车层级的集成技术、关键零部件以及基础设施等相关技术的研发，其目的是有效降低氢燃料电池乘用车的成本、提高可靠性和安全性。此外，考虑到我国氢燃料电池乘用车产业呈现出地域性差异，因地制宜地发展应是可行之策。

2.2 氢燃料电池商用车的应用及发展趋势

商用车辆是运送乘客和货物的车辆，在国家政策扶持、地方政府积极引导、科研机构创新制造和社会资本不断进入等多种因素的影响下，近年我国氢燃料电池商用车辆实现了快速发展，其发展速度明显快于氢燃料电池乘用车[15]。通过近十几年的研发投入，我国氢燃料电池商用车技术逐渐趋于成熟，北京福田欧辉新能源汽车有限公司、宇通客车股份有限公司、佛山飞驰汽车科技有限公司、上汽大通汽车有限公司等代表性公司生产的氢燃料电池客车正逐步开始市场化进程，同时氢燃料电池物流车也已具备商业化发展条件。

如图 1-10 所示，整体来看，我国氢燃料电池商用车的示范运行规模自 2017 年以来持续快速扩张。据中国汽车工业协会数据显示，2016 ～ 2019 年我国氢燃料电池商用车产销量持续显著提高，并在 2019 年达到峰值，截至 2020 年底，我国氢燃料电池商用车的保有量已经达到 7729 辆，完成《2016 年节能与新能源汽车技术路线图》提出的到 2020 年氢燃料电池汽车示范推广数量达到 5000 辆的目标。

2.2.1 产业发展现状分析

2.2.1.1 商用车燃料电池电堆及系统部件进展

从 2015 年开始，中国氢燃料电池商用车市场出现了快速增长，其中盐城、如皋、佛山等地成为氢燃料电池商用车的热点地区。目前国内商用车燃料电池系统的额定功率大多在 30kW，电池电堆供应商分为进口和国内自主两条路线，进口电堆来源以加拿大巴拉德动力系统有限公司和制氢技术公司 Hydrogenics Corporation（水吉能）为主，国内自主产权的电堆以新源动力股份有限公司为主。通过国家科技研发支持、技术成果转化和技术引进等方式，我国形成了一批车用燃料电池及关键部件企业，在车用燃料电池技术研发、产品开发及产业化应用方面取得了较大进展。表 2-2 列出了国内外厂商生产的电池电堆型号及规格。

表 2-2 国内外不同厂家电堆参数对比

厂家	型号	体积功率密度（kW/L）	电堆功率（kW）	双极板材料	压力
加拿大巴拉德动力系统有限公司	9SSL	1.5	3.8～30	石墨板	高压
水吉能	HD30	0.5	33	石墨板	低压
英国英泰力能（Intelligent Energy）	EC200-192	2.3	20	金属板	高压
荷兰 Nedstack 公司	HP10.0	0.3	10	石墨板	低压
新源动力	HYMOD-50	2.0	50	复合板	中压
新源动力	HYMOD-70	3.3	70	金属板	中压
氢璞创能	ST18T	1.5	18	石墨板	中高压
氢璞创能	ST46F	1.8	46	复合板	中高压

综合来看，国内燃料电池电堆以中高压路线为主，各项指标正在迈入国际前列。不过系统辅助部件（包括空压机、加湿器、氢气循环泵等组件）目前主要依赖进口。国内自主研发的燃料电池空压机大多为有油空压机，无法保证供给的空气绝对干净，且流量和压比无法满足大功率燃料电池系统运行。目前，国内企业中主要有广东广顺新能源动力科技有限公司的空压机产品在上汽集团大通 FCV80 上有实际应用，还有一批国内企业（如国家电投等）及北京航天动力研究所正在加大燃料电池空压机的研发投入。

2.2.1.2　商用车燃料电池系统进展

在国家电动汽车重大科技专项等研发项目的支持下,通过产学研联合研发团队的公关,我国氢燃料电池商用车技术取得了一定进展,初步掌握了燃料电池电堆和关键材料、动力系统与核心部件、整车集成和氢能基础设施等核心技术,也初步形成了燃料电池发动机、动力电池、DC/DC变换器、驱动电机、储氢系统等关键零部件的配套研发体系。同时还形成了一批燃料电池电堆及燃料电池系统企业。

上汽集团的全资子公司上海捷氢科技有限公司(以下简称捷氢科技)自主研发的新一代大功率电池电堆和系统已经完成性能样机开发,并交付整车使用,关键性能指标已达到国际先进水平,可用于车用全功率燃料电池动力系统,应用范围可涵盖乘用车和商用车。目前,捷氢科技已完成三款燃料电池系统的开发,搭载捷氢科技燃料电池系统的燃料电池轻客已在上海、辽宁、广东批量化应用。

上海重塑能源科技有限公司自2016年以来研发了该系列CAVEN 3、CAVEN 4和CAVEN 7三款车用产品,其中CAVEN 3和CAVEN 4已完成开发,CAVEN 7的电池电堆及关键组件目前也已进入验证阶段,有望2019年底实现批量生产。目前在中国市场已销售的氢燃料电池汽车中,有超过1600辆搭载了上海重塑能源科技有限公司CAVEN系列燃料电池系统。

2.2.1.3　氢燃料电池商用车布局进展

公交客车领域,美国联合技术公司(United Technologies Corporation,UTC)的PureMotion燃料电池系统经历了超过18000h的试运行,体现了良好的耐久性,充分验证了燃料电池技术在公交客车领域应用的可行性。此外,在过去 10 年内，欧洲燃料电池客车示范运行里程超过 800 万 km，目前有 84 辆氢燃料电池客车在 8 个欧洲国家的 17 个城市中运行[16]。

上海在氢燃料电池商用车领域，拥有良好的政策支持和深厚的技术积累，上海氢燃料电池汽车产业发展势头迅猛。同时，上海的发展必将带动长三角地区氢燃料电池汽车产业的发展，目前围绕上海已形成完善的产业链，这将进一步促进上海氢燃料电池产业技术发展。截至 2020 年底，上海氢燃料电池商用车运行数量已经超过 1400 辆，其中物流车 1019 辆、客车 355 辆、邮政车 28 辆，示范推广车辆累计运营里程超 1700 万 km。

佛山是国内布局和发展氢能产业的先发地区，也是我国较早推进中国氢燃料电池汽车规模化示范的地区。佛山先后聚焦了中车四方车辆有限公司、广东国鸿氢能科技股份有限公司、佛山飞驰汽车科技有限公司、北汽福田汽车股份有限公司、上海重塑能源科技有限公司等知名企业，引进加拿大巴拉德动力系统有限公司燃料电池技术并消化创新，推动全球领先的全套成熟燃料电池技术在国内实现产业化，建成了全球最大商用规模的年产 5000 套燃料电池动力系统生产线、年整车产能达 5000 辆的全球最大氢能客车生产基地。2019 年，佛山市达到 1000 台氢燃料电池城市公交车的运营规模，此外还推广运营了 448 辆氢燃料电池物流车。

2.2.2　竞争力分析

表 2-3 对比了目前氢燃料电池客车、纯电动客车及内燃机客车三种城市公共交通工具的性能。可以看出，相较内燃机客车，氢燃料电池客车和纯电动客车在成本上更高，但两者具有的优势也很明显：内燃机客车的能量转换依赖于柴油的剧烈燃烧，其工作原理决定了内燃机公交车在运行过程中不可避免地会产生较大噪声，且效率低下，而氢燃料电池客车与纯电动客车产生

的噪声较低，且转化效率高。另外，内燃机客车在运行过程中会有尾气排放，而氢燃料电池客车在运行过程中只产生水，无污染物排放。相比纯电动客车，氢燃料电池客车具有更显著的优势：氢燃料电池客车的驾驶里程较长，充能时间也远远短于纯电动客车；在低温条件下，氢燃料电池客车几乎不受影响。

表 2-3　城市客车参数比较

项目	氢燃料电池客车	纯电动客车	内燃机客车
动力来源	燃料电池	动力电池	内燃机
效率	高	高	低
成本	高	高	低
驾驶里程	长	短	长
充能时间	5～10min	2h	约 10min
尾气排放	无排放	无排放	排放有害气体
噪声	低	低	高
运行环境	低温无影响	低温衰减快	低温无影响

2.2.3　产业发展存在的问题

（1）目前商用车的发展并不是市场化运营，多以政府采购为主，企业通过燃料电池电堆及整车的生产获取财政补贴来实现盈利，地方政府通过燃料电池车的采购来普及氢能和招商引资。长期来看，依靠财政补贴的地方政府采购模式并不能有效降低生产成本，一旦补贴退坡，车企的生产积极性也会下降，这有悖于市场化的运行规律。推荐采用招标等方式促进企业对目前整车成本的有效降低。

（2）我国虽然氢气产量巨大，但是主要为工业用氢，不同于用于氢燃料电池商用车的氢气。根据 2019 年 7 月 1 日开始实施的《质子交换膜燃料电池汽车用燃料氢气》，对于氢气的纯度有明确的质量要求，特别是氢气中硫化物和卤化物的含量。

（3）氢燃料电池商用车的推广离不开配套设施的跟进，目前加氢站的建设多处于规划阶段，仍需建设更多的加氢站。

2.2.4　发展趋势展望

目前，发展氢燃料电池商用车是我国发展氢能战略的重点方向和突破口，其在节能环保方面及车辆充能时间上具有不可替代的优势。同时，以商用车为先导，可为今后提升燃料电池车整体的技术优势、逐步降低生产成本、有效带动氢燃料电池乘用车的发展做好准备。随着相关技术的发展，氢燃料电池商用车的发展比起其他产业链的发展更加契合我国的基本国情，通过打造氢燃料电池商用车平台，可以有效地培育产业链、推进产业化，并为未来氢能的多方应用做好技术储备。

2.3　氢燃料电池特种车辆的应用及发展趋势

特种车辆是指经过特殊制造或改装、配有专门设备的机动车辆。广义的特种车辆包括：救护车、消防车、警车、军车和工程车等。显然，前四类特种车辆由于其用途的特殊性，至今很少有公司试图利用氢燃料电池为它们提供动力，而工程车的电动化正逐渐成为氢燃料电池产业化的重要方向之一。

能量转换效率更高、理论产热量更低、不排放污染物的氢燃料电池工程车是传统工程车的理想代替方案。工程车中负责搬运的叉车，相比其他常见交通工具具有重量轻和运行范围有限的特点，因此有望成为燃料电池率先产业化并大规模应用的方向。随着环保政策压力的加大，长续航、大载重的重型卡车也逐渐成为电动化的重要领域。

2.3.1 产业发展现状分析

2.3.1.1 氢燃料电池叉车

氢燃料电池叉车以燃料电池电堆为反应场所，由车载 35 MPa 储氢瓶中供应的高压氢气与空气中的氧气发生电化学反应而产生持续电力，进而驱动电动机完成叉车的行驶和升降[17]。

美国是目前全球氢燃料电池叉车发展最为成熟的国家，截至 2018 年，美国氢燃料电池叉车保有量已突破 2.5 万辆，2012 ～ 2018 年保有量的复合增速达 42%。领先市场的背后，是北美较为完善的氢燃料电池叉车产业链，包括一批技术实力领先的氢燃料电池叉车产业链上、中、下游企业：上游的主要供应商包括燃料电池生产商巴拉德动力系统有限公司和氢能供应商美国普莱克斯公司（PX）等；中游氢燃料电池叉车集成制造商的代表企业为 Plug Power 公司；下游物料搬运的应用端主要以货物吞吐量庞大、多班制运营的各类大型企业为主，代表企业包括沃尔玛百货有限公司、宝洁公司、联邦快递等。在完善产业链的作用下，北美市场已有多款较为成熟的氢燃料电池叉车车型在售，多样化的产品对叉车输出功率、储氢能力、工作温度等重要参数实现了较大范围的覆盖，可以满足不同物料搬运场景下的运输需求。

近年来，日本在氢燃料电池叉车领域也有较大发展。2018 年 3 月，日本丰田汽车公司在日本丰田市的元町工厂投入 20 台氢燃料电池叉车，并建设了配套的氢燃料电池叉车专用加氢站。未来，日本丰田汽车公司计划将传统动力叉车全部更换为氢燃料电池叉车。

2.3.1.2 氢燃料电池重型卡车

目前，国外参与氢燃料电池重型卡车研制的企业主要包括：美国尼古拉公司（Nikola）、日本丰田汽车公司、US Hybrid（美国混合动力公司）、Kenworth（肯沃斯）等。2016 年美国 Nikola 公司研制出世界上第一款氢燃料电池重型卡车，该车配备的氢燃料电池功率可达 300kW。美国尼古拉公司计划在 2020 年量产氢燃料电池重型卡车，计划建立自己的制造工厂，计划最终年产量达到 5 万台。同时，该公司还公布了配套设施——加氢站的建造计划，该计划始于 2018 年，最终将在美国和加拿大境内建造 364 个加氢站。

2017 年日本丰田汽车公司推出了"Project Portal"项目，旨在设计一款氢燃料电池重型卡车，以替代奔波于洛杉矶及长滩港口的传统 8 级重型卡车。"Project Portal"项目所研制车型的用途十分明确——支持码头的短途接驳业务。该款概念车的组合式车辆总重为 80000lb[①]，在进行常规码头短途接驳业务时，充满电后的续航里程预测值在 200mi[②] 以上。

目前，在我国服役期内的重型卡车有近 400 万辆，其中 95% 左右的车型由柴油发动机驱动，剩余 5% 左右的车型由 LNG（液化天然气）驱动。若以中科院院士干勇"2050 年我国超过 50% 的重型卡车将由氢燃料电池驱动"的观点为基准，氢燃料电池重型卡车产业链在我国将会是一个至少万亿规模级别的市场。率先进入这一领域的中国厂商包括深圳市雄韬电源科技股份有限公司、江苏清能新能源技术股份有限公司、一汽解放汽车有限公司、江铃重型汽车有限公司、佛山飞驰汽车科技有限公司等一线氢燃料电池电堆/系统供应商。然而，由于燃料电池系统成本过高以及加氢站储/运氢成本过高，目前国内在商业级氢燃料电池重型卡车领域还处于空白。

---

① 1lb=0.45359237kg。

② 1mi=1609.344m。

2.3.1.3　氢燃料电池矿用车

2003 年，美国 Vehicle 技术公司联合内华达大学对美国和加拿大近 100 个金属矿和非金属矿（包括金矿、银矿、钼矿、盐矿和石灰石矿）进行了考察，通过模拟计算发现：如果利用氢燃料电池矿用车替代传统的柴油机矿用车进行采矿作业，地下矿井所需的通风量普遍可削减 10%～30%，相应的电耗下降 10% 以上，大大降低矿井通风成本。

2005 年美国 Vehicle 技术公司研制出一台氢燃料电池矿用装载机，在美国内华达州 Turquoise Ridge 金矿和加拿大 La Ronde 金矿的地下矿井进行了总计 1000h 的示范运行。2012 年该公司与英美资源集团合作，研制出一款超小型远程控制氢燃料电池推土机，用于替代常规的蓄电池推土机，并在 Bathopele 铂金矿场进行了示范运行，在续航时长、蓄能时长等多项指标上优于蓄电池推土机。

2018 年中国潍柴控股集团有限公司与国家能源集团下属准能集团、氢能科技有限责任公司及北京低碳清洁能源研究院在"2018 中国氢能源及燃料电池产业高峰论坛"签署了《200 吨级以上氢能重载矿用卡车研发合作框架协议》。根据协议，四家合作单位将共同开展创新技术攻关，在实现关键装备重大共性技术和工程化技术突破后，致力推动露天采矿设备制造行业节能减排、转型升级。

2019 年 4 月潍柴控股集团有限公司与中车永济电机有限公司开始共同研制氢燃料电池-锂电池混合能源矿用卡车，以替代传统的柴油机卡车。12 月 25 日，两公司联合研制的首台 200t 以上氢燃料-锂电池混合能源矿用卡车成功下线，如果按照每台燃油型矿用卡车每天往返 45 趟来计算，采用上述氢燃料电池混合动力卡车可每天节约柴油 21739L（约 20t）。

2.3.2　竞争力分析

2.3.2.1　氢燃料电池叉车

表 2-4 对比了氢燃料电池叉车、内燃机叉车和铅酸（蓄）电池叉车在不同方面的特点。可以看出氢燃料电池叉车的竞争优势主要体现在三个方面：一是氢燃料电池叉车更清洁环保、无有害气体和颗粒排放，采用氢燃料电池叉车能够更好地保障工作环境的清洁和食品等货物的仓储安全；二是氢燃料电池叉车也比内燃机叉车的操作更灵活稳定，且噪声更低，能够更加精准地完成室内仓储的货物安放，减轻操作人员的工作强度，同时有效地减少了运输过程的声音污染，避免噪声干扰；三是相比铅酸（蓄）电池叉车，氢燃料电池叉车的优势是使用成本更低，美国能源部下属的国家可再生能源实验室对全美采用氢燃料电池叉车的仓储物流中心进行了数据采集，以每日工作 2 ~ 3 班的 60 台叉车为模型进行了使用成本分析，发现氢燃料电池叉车的年均使用成本均低于同类型的铅酸（蓄）电池叉车。

表 2-4　常见叉车技术参数比较

项目	氢燃料电池叉车	内燃机叉车	铅酸（蓄）电池叉车
连续工作时间	约 8h	5 ~ 8h	约 5h
充能时间	1 ~ 4min	1 ~ 4min	8h
使用年限	10 年左右 （无须更换电池）	8 年左右	10 年左右 （每 3 年需更换电池组）
尾气排放	无尾气排放	尾气含有多种有害气体和颗粒	无尾气排放
输出功率	恒功率稳定	恒功率稳定输出	输出功率波动较大，低电量下输出功率低
操作体验	劳动强度小，操控灵活，精准度高	操作强度大，精准度低	劳动强度小，操控灵活，精准度高

2.3.2.2　氢燃料电池重型卡车

除了氢燃料电池重型卡车外，纯电动重型卡车也吸引了工业界的广泛关注。表 2-5 对比了氢燃料电池重型卡车和纯电动重型卡车的技术性能。

表 2-5　氢燃料电池重型卡车与纯电动重型卡车对比分析

项目	氢燃料电池重型卡车	纯电动重型卡车
污染物排放	零排放	零排放
加注时间	5～10min	3～5h
车辆使用寿命	尚需测试	几年后更换电池
续航里程	＞200km	150～300km
运营类型	区域、码头范围，当地运营	区域运营

从表 2-5 可以看出，氢燃料电池与纯电动重型卡车在污染物排放方面都是零排放，这意味着两者在替代燃油重型卡车方面具有同等的优势。在续航里程和充注时间方面，纯电动重型卡车续航里程相对较短，为 150～300km，充电时间为 3～5h；而氢燃料电池重型卡车的续航里程普遍大于 200km，加氢时间仅 5～10min，整体续航及加注能力明显高于纯电动重型卡车，这也间接导致纯电动重型卡车一般仅适用于区域运营，氢燃料电池重型卡车可在区域、码头范围以及当地范围内长途运行，更能满足长里程的工作需求。

2.3.2.3　氢燃料电池矿用车

矿用车种类较多，而氢燃料电池矿用车的发展目前才刚刚起步，因此很难具体比较氢燃料电池矿用车、蓄电池矿用车与内燃机矿用车的平均技术性能。但从 2.3.1 节不难发现，氢燃料电池矿用车相比内燃机矿用车的优势是：

节能环保，并可因此带来可观的经济效益（矿井通风设备成本下降）。氢燃料电池矿用车相比蓄电池矿用车的优势在于工作时间更长、充能时间大大缩短。

2.3.3　产业发展存在的问题

2.3.3.1　氢燃料电池叉车

从市场角度来看，尽管中国叉车行业电动化程度从 2011 年的 27% 逐年提升至 2018 年的 47%，但仍明显低于全球平均水平（63%），更远低于欧洲地区的水平（85%）。中长期来看，氢燃料电池叉车在经济性和性能等方面比铅酸电池叉车、锂电池叉车均具有优势，但国内目前尚无主流企业推出成熟的氢燃料电池叉车产品及解决方案，下游行业对氢燃料电池叉车的了解和认知有限，中国氢燃料电池叉车产业尚未起步。相比北美发展较为成熟、衔接紧密的氢燃料电池叉车产业链，国内上游氢能产业（氢气的制取、纯化、储运和加注等）的不足也是氢燃料电池叉车产业化的一个制约点。

2.3.3.2　氢燃料电池重型卡车和矿用车

我国发展氢燃料电池重型卡车和矿用车存在共性问题——价格高昂。以重型卡车为例，系统功率为 200kW 的单台车售价在 200 万以上，即便按照 2018 年最高 100 万的国家补贴和地方政府补贴，氢燃料电池重型卡车的售价依然高于同级别柴油机重型卡车几十万。而未来重型卡车和矿用车所使用的系统功率应至少要达到 200kW，对电池电堆及配套系统的更高要求势必导致更高的购置成本。因此，氢燃料电池重型卡车和矿用车不存在价格优势。

缓解上述问题的途径一方面是国家和政府补贴，但更重要的是实现氢燃料电池系统的充分量产，通过规模经济对抗价格劣势。根据美国能源部的测算，当氢燃料电池系统充分量产之后，一台 100kW 氢燃料电池系统的价格仅有柴油发动机的一半（不考虑配电和储氢瓶成本的情况下）。

2.3.4　发展趋势展望

近年来，随着燃料电池零部件和集成技术的更新，以及相关产业链的发展，燃料电池制造成本逐渐下降，使用寿命不断增加，市场竞争力显著提高。与此同时，燃料电池混合动力技术和增程技术的应用，保障了燃料电池系统的可靠性，充分发挥了燃料电池功率密度和能量密度高的特点，拓宽了燃料电池在长距离、大载量货物运输等特殊场合的应用，成为替代柴油机应用于工程车辆的最优方案之一。因此，氢燃料电池在特殊工程车辆领域已经具备了规模化应用的条件。

氢燃料电池叉车目前的主要客户是大型制造企业和零售商，未来这些企业的需求空间也会愈发增大，有望在商业化进程中率先发展。从产品进化的规律来看，氢燃料电池重型卡车更符合未来新能源重型卡车的技术要求和发展方向，氢燃料电池重型卡车的商业化步伐需要做到脚踏实地，稳步发展。以燃料电池为动力的矿用车，由于其作业位置相对固定，无须大量建设加氢设施即可满足燃料供应，有利于降低基础设施投资成本且环保效益显著提高。

2.4　氢燃料电池有轨电车的应用及发展趋势

随着城镇化的发展和私家车数量的剧增，城市交通的拥堵和污染问题愈发严重，增加了进一步发展公共交通系统（特别是城市轨道交通系统）的迫切性。对此,《中华人民共和国国民经济和社会发展第十二个五年规划纲要》明确提出,科学制定城市轨道交通技术路线,规范建设标准,有序推进轻轨、地铁、有轨电车等城市轨道交通网络建设。

城市轨道交通工具泛指在各类轨道上行驶的车辆,如地铁、轻轨、有轨电车、单轨列车、磁悬浮列车等,其中,以氢燃料电池为动力的有轨电车,因其具有零排放、无污染、低噪声、能源可再生、转化效率高等优势,成为城市公共交通车辆的优先选择。自 2002 年世界上第一辆氢燃料电池机车(由美国 Vehicle 技术公司研制)问世以来,日本、西班牙、法国、中国等国家陆续开展了氢燃料电池有轨电车的研制。然而,由于当前氢燃料电池的制造成本和氢能费用较高,且制氢、加氢等配套设施的建设成本过大,限制了氢燃料电池有轨电车的普及。不过,氢燃料电池技术依然在飞速发展,未来批量生产的氢燃料电池有轨电车总成本可能大幅降低。

2.4.1　产业发展现状分析

有轨电车的主要动力源一般为质子交换膜燃料电池(PEMFC)或固体氧化物燃料电池(SOFC),其产生的直流电通过 DC/DC 转换器和牵引逆变器转换为可供牵引电机使用的交流电。其特点是功率大、运行时间长且相对稳定,但动态响应较慢。氢燃料电池动力系统一般有"燃料电池+动力电池""燃料电池+超级电容""燃料电池+动力电池+超级电容"三种组合形式。除此之外,氢燃料电池动力系统还包括储氢系统、冷却系统和控制系统等,如图 2-1 所示。

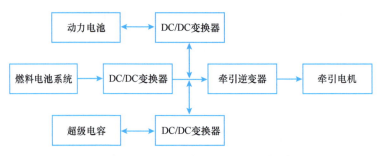

图 2-1　氢燃料电池有轨电车的动力系统

世界上第一辆氢燃料电池机车于 2002 年由美国 Vehicle Projects 公司研制 [图 2-2 (a)]。该机车由纯质子交换膜燃料电池驱动，其串联的两个燃料电池电堆可提供 126V 电压和 135A 电流，净功率达 17kW，但无动力电池或超级电容提供辅助功率。2009 年，在美国国防部出资支持下，美国 Vehicle Projects 公司与美国 Burlington Northern Santa Fe 公司合作研制了性能更为出色的氢燃料电池机车：该机车采用质子交换膜燃料电池，主输出功率可达 240kW，与铅酸电池构成的"燃料电池+动力电池"混合动力系统瞬时功率可达 1MW。

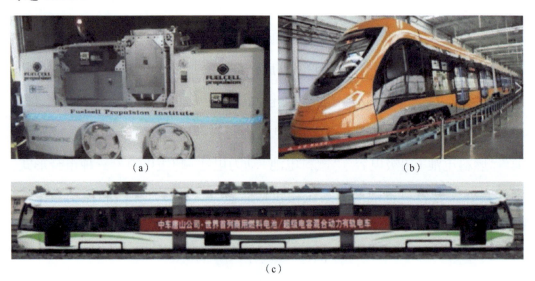

图 2-2　世界首列氢燃料电池机车

（a）世界首列氢燃料电池机车；（b）世界首列"燃料电池＋动力电池"混合动力机车；（c）世界首列商用"燃料电池＋超级电容"混合动力机车

JR 东日本铁路公司于 2003 年试制了一辆混合动力新能源轻轨列车，简称 NE（new energy）列车 [图 2-2（b）]；同年，丹麦、英国、意大利、德国等欧洲国家的一些公司也启动了"氢列车"项目。但目前项目进展缓慢，明显滞后于原定计划。

西班牙窄轨铁路公司（FEVE）于 2011 年研制了一辆"燃料电池+动力电池+超级电容"混合动力机车。该机车主要由 2 台输出功率 12kW 的质子交换膜燃料电池提供主要动力，所用氢气储存在 12 个储氢罐内，总容量可达 105.6 m³，再生制动能由 3 个 HTM125 超级电容或 95kW 锂离子电池储存。该机车的理论载客人数为 20 ～ 30 人，最高运行速度可达 20km/h。

法国于 2016 年由阿尔斯通公司（ALSTOM）推出商用"燃料电池+动力电池"混合动力有轨电车——Coradia iLINT。该机车搭载 2 台 198kW 燃料电池系统，并配备了 2 组 111kW 的锂电池，可搭载 300 名乘客，最高速度达 140km/h，续航里程达 600 ～ 800km。2018 年 9 月，法国 ALSTOM 公司在德国西北部将 2 辆该型列车投入商业运营，当年计划于 2021 年再投入 14 辆该型列车。

我国首台氢燃料电池轻轨机车由中国中车永济电机有限公司与西南交通大学合作于 2010 年研制。该机车采用加拿大巴拉德动力系统有限公司制造的 HD6-150K 型燃料电池电堆，其产生的 400 ～ 800V 直流电通过 2 台牵引变流器转换成频率、电压可调的三相交流电，控制两台 120kW 交流永磁同步电机，总功率达到 150kW。该机车的持续速度为 21km/h，最高运行速度为 65km/h。

2016 年 4 月 27 日，中国中车唐山机车车辆有限公司研制出世界首列商用"燃料电池+超级电容"混合动力有轨电车 [图 2-2（c）]，该项目依托国家"十二五"科技支撑计划。2017 年 2 月 27 日中国广东省佛山市高明区正式动工现代有轨电车示范线，首期全长 6.57km，包含 10 个站点，平均站间距约 640 m。2019 年 11 月 29 日，世界首条商业运营氢能源有轨电车正式在高明区上线，氢能源有轨电车正式实现商业运营。

2.4.2　竞争力分析

表 2-6 对比了氢燃料电池有轨电车、地铁/轻轨常见城市公共交通工具的技术指标。可以看出，相比地铁/轻轨，氢燃料电池有轨电车的优势是建设成本低。以广东省佛山市高明区商业化运营的氢燃料电池有轨电车为例，该电车采用世界最先进的 100% 低地板技术，地板距轨面高度仅为 37.8 cm，因此无须建设站台等设施，极大降低了建设成本。

表 2-6　城市公共交通工具比较

项目	氢燃料电池有轨电车	地铁/轻轨
载客量	每节车厢 120 人	每节车厢 210 ～ 310 人
最高时速	70km/h	80km/h
动力来源	氢燃料电池系统	轨道供电
充能时间	3min	—
路权	独立	独立
尾气	无尾气排放	无尾气排放
噪声	低	低
便捷性	不需要站台	需要站台

注：其中氢燃料电池有轨电车的技术指标以广东省佛山市高明区商业化有轨电车为例。

相比内燃机公交车，氢燃料电池有轨电车具有以下优势：氢燃料电池有轨电车清洁环保，无有害气体、颗粒排放。并且，由于公交车内燃机的能量转换依赖于柴油的剧烈燃烧，其工作原理决定了内燃机公交车在运行过程中不可避免地会产生较大的震动和噪声。而氢燃料电池有轨电车的电池中发生着温和、平稳的氢氧反应，几乎不会产生震动和噪声。另外，有轨电车的运力强于内燃机公交车，载客量有所增加。轨道也确保有轨列车具有独立路权，不会遇到交通堵塞的现象。

2.4.3　产业发展存在的问题

氢燃料电池有轨电车在环保节能方面存在不可替代的优势，但其技术仍存在一些问题，主要问题包括：

（1）氢燃料储存技术需要改进：研究表明，若氢燃料电池有轨电车达到目前普通列车的运行能力，车载电池容量需达到 80000kWh，对应的氢燃料贮存质量为 40t，体积为 50m^2，两项指标约是对应功率内燃机车油箱的 2 倍多。因此，除非挂载一节燃料车，否则氢燃料电池有轨电车无法达到普通内燃机车的运行能力。

（2）氢燃料补给不便：氢燃料站不宜设在人流众多的车站，而如果把氢燃料站设置在远离车站或主线的地方，又会导致列车燃料补给不便，降低效率。

（3）氢燃料的安全管理难度大：氢燃料属于易燃易爆物质，增加了地面和车辆上的高压氢安全管理的难度，特别是要对车辆运行中的振动以及自然灾害等所带来的隐患进行全面考虑。

（4）冷却系统质量和体积需要降低：氢燃料电池有轨列车的冷却装置质量和体积约是相近功率内燃机列车对应指标的 2.5 倍。

2.4.4　发展趋势展望

氢能源轨道交通已成为绿色、节能、低碳技术的发展方向和研究重点，尤其适用于城市轨道交通、铁路工程检修作业车、调车机车、大型铁路养路机械等，解决了传统蓄电池式电车充电时间慢的问题，还避免了传统接触网式有轨电车带来的安全和城市景观问题。综合来看，虽然氢燃料电池有轨电车当前仍面临诸多问题，但其在中小城市、市郊铁路或站场应用愈发广泛，如国能包神铁路集团有限责任公司、国家电投均在调车机车和站场机车方向引入氢燃料有轨机车。随着相关技术的进步，氢燃料电池有轨电车的性能提升和成本下降可使其安全性、可靠性和经济性得到快速提升。同时，在"双碳"的背景下，氢燃料机车的应用前景必将更加广阔，对在全部交通领域推广应用氢燃料电池具有重大的示范作用。

2.5 氢燃料电池船舶的应用及发展趋势

船舶是为航运业、海洋开发及国防建设提供技术装备的综合性产业，对钢铁、石化、纺织、装备制造、电子信息等重点产业发展和扩大出口具有较强的带动作用，是国家实施海洋强国和制造强国战略的重要支撑。《中国制造 2025》已将高技术船舶列为十大重点发展领域之一。船舶的传统动力推进装置，如柴油机、蒸汽轮机、燃气轮机等，通过消耗柴油来产生动力。然而目前柴油动力船舶存在燃料能量转换效率低、振动噪声等级高等问题，这极大降低了船舶的舒适度。同时，运行过程中燃料燃烧产生大量温室气体、氮氧化物、硫氧化物和颗粒物，造成严重的生态环境污染。因此，研究清洁、高效、可持续发展的新能源动力推进技术已经成为绿色船舶的重要发展方向[18]。

2.5.1 产业发展现状分析

氢燃料电池的发展是 21 世纪绿色动力能源技术的制高点，因此将氢燃料电池技术应用于船舶上，可有效实现能源高效、零排放及舒适度的提升，应景于当下绿色船舶市场的需求。

北美、欧洲、日韩等国家和地区在船用氢燃料电池推进技术领域处于领先地位，并将此作为政府重点支持方向，相继也出台了一系列的规划与标准，引导了氢燃料电池船舶产业发展，并实现了氢燃料电池船舶的示范应用。

2007 年世界第一个商业客轮 ZEMships 项目采用混合动力推进方式，整合了功率为 48kW 的氢燃料电池和 560V 的铅蓄电池；2008 年德国研制出了可承运 100 人的 Alster Wasser 号氢燃料电池游船，主要以氢燃料电池推进装置为主推进动力，功率达到 100kW，最高航速可达 14km/h；2009 年荷兰建成了可承运 100 人的阿姆斯特丹号燃料电池船，用于运河旅游事业，该船配置了 60kW 的氢燃料电池系统，采用高压氢气提供氢燃料；同年挪威在与瓦锡兰集团、发动机及涡轮机联盟弗里德希哈芬股份有限公司（Motoren-und Turbinen-Union Friedrichshafen GmbH，简称 MTU 公司）合作研制出了著名的氢燃料电池海面补给船，该船氢燃料电池系统功率为 320kW，是全球第一艘投入运营的氢燃料电池工程船舶；日本在 2015 年也试航了首款氢燃料电池渔船，该船搭载 450L 氢燃料，最高速度可达 37km/h；法国在 2017 年建成了氢-风-光混合动力船 Energy Observer 号，该船重约 22t，采用了 22kW 的氢燃料电池系统；韩国现代重工集团也在推动氢能船舶标准的制定，公司与韩国船级社正共同开发，计划在 2022 年底之前提交。

相比而言，国内船用氢燃料电池推进技术研究工作刚刚起步。国内对船用氢燃料电池推进技术的规范研究工作主要集中在中国船级社（CCS）。2017 年 12 月，CCS 的《船舶应用替代燃料指南》第 2 篇《燃料电池推进系统》中规定了燃料电池船舶的各项设计与检验要求。国内船用氢燃料电池推进技术的工程化研究工作主要集中在中国船舶重工集团第七一二研究所，通过承担国家政府科研项目，在舰船和水下装备领域的氢燃料电池动力系统的技术攻关工作中积累了丰富的研制经验，在氢燃料电池电堆、氢源技术、控制与能量管理、系统集成等方面取得关键技术突破，在船用氢燃料电池推进技术领域处于国内领先地位，具备较好的技术基础储备。

此外，中国船舶重工集团第七一二研究所在电力推进系统方面，承担了工信部"船舶综合电力推进技术"和"船舶综合电力推进系统工程化技术研究"项目、科学技术部"船用电力推进系统"项目等。完成了救援船、液化天然气（LNG）船、散货船、水声测量船、太阳能游船、苏州环城河游船、三亚环岛游船、新疆天池游船、武汉轮渡、挖泥船、海上风电安装船等船舶的电力推进系统集成工作。目前，由研究所参与涉及的氢燃料电池动力船——三峡氢舟1号正式通过了方案设计审查，该燃料电池动力船是以氢燃料为主、并辅以磷酸铁锂电池动力的双体交通船，最高航速达到28km/h，氢燃料电池额定输出功率500kW，主要用于三峡库区及两坝间交通、应急等工作。

2.5.2 竞争力分析

随着全球经济的发展，贸易往来日益密切，船舶运输的需求量逐渐增大，这极大增加了船舶行业对能源的需求。目前用于船舶使用的能源主要包括传统能源（柴油、汽油等）和新型能源。

柴油作为船舶的主要动力能源，较大型的船舶动力基本都来自柴油，使用柴油作为船舶主要能源的原因有两个：一是柴油相关的技术目前相对成熟，特别是船用柴油机，对柴油的使用效率、机器的输出功率方面都有了长足的进展；二是柴油资源相对丰富，价格也比较便宜，易于大众接受。

新型能源船舶的提出可有效解决当前不可再生资源的大量使用，这些新能源主要有电能、氢能源等。

电能作为为船舶提供动力的能源之一，与柴油机相比具有诸多优点：一是自动化程度提高，大大提高了船舶的可操纵性，安全可靠性得到明显提高；二是允许使用高速不可反转的热力发动机，从而降低船舶动力装置的重量，对机舱的灵活布置更加有利；三是采用电力推进后，辅助发电机的功率大大降低，可靠性变好；四是遭遇故障情况下，发电机与推进电机可断开，有效保障了船舶的航行；五是电力推进系统的使用可满足不同航行工况的要求。

氢能被认为是未来船舶推进动力之一，主要理由有：一是氢能源丰富，未来随着技术水平的提升，可获取氢能的方式将得到大力发展；二是氢燃烧的产物对环境无污染，但局限于现在氢燃料电池所提供的能量还不是很大，更倾向于给小型船舶以及豪华游艇提供动力。目前，氢能源在船舶方面的应用研究才起步不久，仍需通过更多的研究来寻找适合利用氢能来推动船舶的动力转化装置。

2.5.3　产业发展存在的问题

氢燃料电池在船舶上的应用作为一项新的技术，目前也存在着诸多问题：

（1）国内关于氢燃料电池船舶领域相关的政策法规规范研究不足，目前还存在盲点，战略和目标都有待确立；

（2）相对成本较高，这对商业市场的推广将是主要的障碍，目前燃料电池的投资是普通柴油机的几倍，在柴油船舶的使用寿命范围内，使用氢燃料电池所节省的燃料费用有限；

（3）船用氢燃料电池配套基础设施缺乏，目前国内也并未出台可供与氢燃料电池船舶加氢的固定加氢站的建设计划，基础设施的建设还需缜密规划；

（4）船用氢燃料电池技术工程化的部分关键技术，如氢燃料电池电堆船用化技术，船用高安全、高储氢密度氢源技术等都有待突破。

2.5.4 发展趋势展望

氢燃料电池系统可用于多种用途船舶，包括游艇、公务船、渔船、货轮等，可实现能源高效、零排放和船舶舒适度提升，是绿色船舶的理想动力推进装置，适应绿色船舶市场需求。氢燃料电池作为船舶的稳定直流电源，可分布在整个船舶上，并且系统不需要专门维护，随着技术的发展，有望实现规模化生产。此外，围绕氢燃料电池推进技术在节能、环保、安全、高效船舶推进装置领域的市场需求和发展趋势，以突破具有自主知识产权的船用氢燃料电池推进技术工程化为目标，通过政策引导、关键技术攻关和绿色环保技术应用，可更有效地加快推进船舶工业转型升级。

2.6 氢燃料电池在交通领域应用的总体研判

到 2020 年前，可以看到，中国氢能汽车发展在稳步增长。在 2020 年政策热潮的带动下，氢能汽车的发展却产销量双双腰斩。2021 年一季度仍然如此，继续腰斩。为什么氢能市场预期很热，产销却遇冷呢？

在应用端考察产品，不仅要看产品本身，还要看市场上的现有竞争者和潜在竞争者。对于氢燃料电池汽车而言，主要竞争对手是燃油车和电动车，此三者比较，目前燃料电池车的市场化阶段仍然处于弱势（表 2-7）。氢燃料电池汽车相较传统燃油车的优势显然是它的清洁性、低碳排放性，相较电动车其能量密度和充能时间上具有优势。

表 2-7　2020 年三种交通技术不同的发展阶段

类型	氢燃料电池车	电动车	传统燃油车
乘用车	已投入市场	已被广泛接受	成熟商业应用
公交车	已投入市场	已被广泛接受	成熟商业应用
轻型货车	试点阶段	已被广泛接受	成熟商业应用
中型卡车	试点阶段	试点阶段	成熟商业应用
重载卡车	试点阶段	试点阶段	成熟商业应用
叉车	已投入市场	成熟商业应用	成熟商业应用
采矿车	原型阶段	原型阶段	成熟商业应用

截至 2019 年，我国重型载货汽车保有量为 762 万辆，约为汽车保有量的 3%，其中 95% 为柴油车；氮氧化物、一氧化碳、颗粒物排放量分别占道路交通排放总量的 74%、29%、29%，二氧化碳排放占 40%～55%，是交通运输部门减排的重要内容。

财政部、工信部等四部委"以奖代补"政策发布后，对于氢燃料电池汽车的补贴模式和补贴资金都发生了很大的变化，在市场端也得到了最直接的反映。

第一，在最新的氢燃料电池补贴政策中（图 2-3），新政对 31t 以上的重型货车单车补贴上限涨幅达 37%，面向政府采购的公交车下调了 9%，而以城市物流车为主的中型货车补贴直接降低了近一半。从图 2-4 可以看出，2020年纯电动专用车销量在增长，而氢燃料电池专用车销量却下跌近 9 成，主要因为中型货车的补贴调整造成的，这也是市场选择的结果，纯电动城市物流车更具竞争力，氢燃料电池在城市物流车这一细分领域并没有很突出的优势。

单车补贴上限：万元

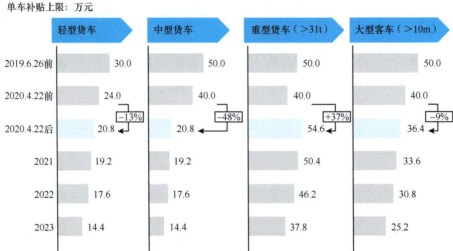

图 2-3 "以奖代补"政策补贴资金变化

资料来源：财建〔2019〕138 号，财建〔2020〕86 号，财建〔2020〕394 号

图 2-4 纯电动与氢燃料电池专用车销量

第二，从图 2-5 可以发现，氢燃料电池重卡在大载重、长续航方面，与纯电动重卡相比，具有一定的优势，目前国内氢能重卡产品续航已达 400～500km，超同类型的纯电动重卡。2021 年 4 月，氢燃料电池重卡销售从之前的零变为 91 辆，而城市物流车变为零，从汽车的销量就能看出来，氢燃料电池重卡开始逐步发力，同时在政策的引导下，让发展目标更加聚焦

		纯电动汽车（BEV）	氢燃料电池汽车（FCEV）	
性能	功率密度表现	1~1.5kW/L	3~4kW/L（电堆）	氢燃料更能适应大载重，锂电池自重大，影响重卡载重量
	能量密度表现	约170Wh/kg（磷酸铁锂电芯）	>500Wh/kg	氢燃料当前在中途更具有差异化优势，且氢燃料为开放系统，续航还能进一步增长
	续航能力	200~300km（配备：300~400kWh电量）	约400km（配备：110kW氢燃料系统+100kWh锂电）35MPa*8标准气罐：约400km 70MPa*8标准气罐：600~700km 液氢储罐：约1000km	纯电由于当前单位成本更低，虽然续航较短，但对于城市内公交、物流车、环卫车等适用性好
可靠性		使用寿命约3万h	1.5万~2万h	氢燃料当前使用寿命无法满足商用车要求的3万h

图 2-5　纯电动与氢燃料电池重卡的性能比较

到难以脱碳、污染排放大的重卡领域。

　　总体来看，氢燃料电池乘用车普及所遇到的困难主要是氢基础设施有限导致使用率仍较低，而氢气售价相对又较高；电动乘用车技术发展较快以及充电桩部署已趋规模化，使得氢燃料电池乘用车的竞争力相对处于弱势。由此可见，氢燃料电池车完全依靠自身力量在与燃油车甚至电动车的商业竞争中取得优势十分困难，获得政策支持和对传统燃油车的政策约束才是氢燃料电池发展的关键所在。目前适合中国国情的氢能发展路线：在公交、重卡等商用车率先推广燃料电池，不断进行技术迭代，规模化、成本降低后，再在整个交通领域进行商业化推广。

　　在船舶领域，氢能源在船舶方面的应用研究才起步不久，局限于现在氢燃料电池所提供的能量还不是很大，更倾向于给小型船舶以及豪华游艇提供动力，仍需通过更多的研究来寻找适合利用氢能来推动船舶的动力转化装置。

　　在机车领域，调车机车、铁路专用线机车、支线机车目前还都是内燃机车等，与之相比，氢燃料电池车不用重新架设取电网，在站场、港口、货场等地存在大量应用空间，氢燃料电池机车的替代使用可有效提高轨道交通运输的经济性，减少污染物及 CO_2 的排放。

2.7 氢能及燃料电池在交通领域发展路线图

1. 交通领域以重卡、公交等商用车为突破口，建立柴改氢工业示范

国内氢燃料电池车降低成本要从规模上做起，特别是要从商用车领域做起，再协同到乘用车领域上来。而商用车领域除了常见的公交、物流车以外，还有对大功率有需求的重卡、叉车等工程用车；氢燃料电池功率大，首先替换柴油的特性正好在工程车领域可以得到很好的发挥，加上工程车比较集中的使用场景，加氢问题也能较好地解决。通过公交和重卡的规模化应用，带动整个产业链的发展，促进成本下降，最终将这种成本下降传递到其他领域。

第一，公交等商用车是最符合我国国情的氢燃料电池商业发展模式。商用车在应用场景较乘用车辆更为集中，行驶路径单一，可操作性较强，具备低温运行、大功率动力做功的特性，符合其在特定领域的需求。

第二，建立港口-物流园区的柴改氢示范。国内物流园区及港口对重卡、叉车需求巨大，同时排放要求越来越严格，适合建立柴改氢示范区，布局加氢站。各地区可依托周边的风光资源和物流园区/港口等的布局，进行项目开发，如在华北地区可依托张家口丰富的可再生能源项目制氢；在环渤海物流园区/港口、天津港保税区，开展氢燃料重卡、氢燃料叉车、加氢站的柴改氢一体化发展模式示范区。

2. 船用氢燃料电池技术工程化的关键技术

氢燃料电池系统可用于多种用途船舶，包括游艇、公务船、渔船、货轮

等。但氢燃料电池船用化技术，船用高安全、高储氢密度氢源技术等都有待突破。由于锂电或质子交换膜氢燃料电池等新技术的体积功率密度难以达到船舶长航时的要求，提高发电系统体积功率密度是推广氢燃料船舶应用的主要方向，可以使用高体积能量密度燃料，并且更高效发电的 SOFC 技术，燃料可以采用更易储存的液氨。因此，国家需要在船舶领域对 SOFC 技术进行引导，实现 SOFC 电力系统在船舶上应用，包括①主动力源（液氢、液氨）；②替代船舶柴油发电机。实现船用氢燃料电池推进装置自主化和工程化，加快推进船舶工业转型升级，以适应高性能绿色船舶在内河、近海、远洋船舶领域的市场需求。

3. 氢燃料电池机车技术工程化的关键技术

对于氢燃料电池机车，针对当前国内小功率燃料电池技术上难以满足车辆驱动、大功率燃料电池成本过高的情况，采用燃料电池用作锂电池增程器的设计可以满足驱动条件。不同于乘用车辆，机车有较大的空间，满足同时布局两种动力的条件，氢燃料电池增程式模式，相比纯电动车辆增加续航里程，又能够弥补小功率燃料电池动力不足的缺陷。对于增程式模式，氢燃料电池可以采用 PEMFC 质子交换膜或 SOFC 固体氧化物技术路线，即使用燃料电池系统作为纯电动的增程发动机，用来弥补纯电动续航短的缺点，当电池即将耗尽时，燃料电池发电机启动为动力电池充电，直至充满。特别是对于 SOFC 固体氧化物技术路线，这种技术路线的好处是 SOFC 固体氧化物技术反应慢、工作温度也很高，应对复杂工况时不能实现很好地急速启动，不能很好地变化负荷，但作为有预判缓冲、可恒定输出的增程发动机，恰恰是非常合适。

4. 发展路线图

根据上述氢能及燃料电池在交通领域的应用现状及发展研判，提出氢能及燃料电池在交通领域发展路线，主要从需求分析、目标、关键技术 / 重大装备、重点任务和示范工程等维度展开（表 2-8）。

表 2-8　氢能及燃料电池在交通领域发展路线

类型	里程碑	2020～2035 年	2036～2050 年
交通领域	需求分析	以公交、重卡带动氢燃料电池汽车产业的技术迭代，推动整个氢能汽车、船舶、机车、无人机的发展	
	目标	2035 年氢燃料电池汽车保有量达到 100 万辆。2050 年中、重型氢燃料电池商用车占全部中、重型商用车接近 55%，乘用车占比 10%	
	关键技术/重大装备	大功率氢燃料电池系统	冷启动温度−40℃，重卡续航里程 800km，寿命 100 万 km；乘用车续航里程 800km，寿命 30 万 km，批量化生产	动力系统构型进一步优化，商业化应用
	重点任务	以氢燃料电池汽车作为终端应用的抓手，完善基础设施建设，有序推动加氢站建设，同时开展油、气、氢、电综合供给服务；加快推进可再生能源电解水制绿氢，高效、大容量燃料电池系统，氢燃料电池交通领域公交、重卡等商务用车的产业化进程，以及氢燃料船舶和机车技术突破和产业化示范	
交通领域	示范工程	京津冀、长三角、珠三角、山东等氢能发展重点区域形成示范城市群，优先开展物流车"柴改氢"示范工程，优先在重点地区和相关领域推进柴改氢试验示范，支持交通领域多场景应用，大力推广氢燃料电池公交、重卡、叉车等商用车的应用以及氢燃料船舶和机车的产业化示范，逐步完善氢能在交通领域的产业链体系示范	

第 3 章

氢能在电力领域的应用及发展趋势分析

电力领域是目前除交通应用外发展最好的领域。燃料电池可在固定发电、备用电源等多个领域得到应用，其中固定发电又包括大型分布式发电系统、小型家用热电联产系统和备用电源系统[19-21]。

与交通领域相比，发电领域对燃料电池的选择有所不同。PEMFC 主要应用于家用热电联产系统中，SOFC 在大型分布式电站和家用热电联产系统均有较多应用，另外 PAFC 和 MCFC 也有不少装机，但是其参与企业相对单一，总体关注度较低。

与交通领域相比，发电领域燃料电池的出货量呈现数量大、容量小的状态。2020 年全球的燃料电池出货量超过 8 万台（图 3-1），固定发电领域的出货数量仍占据绝对的主流，主要受益于小型家用热电联产系统的出货数量众多，其中日本 ENE-FARM 项目每年四五万台的家用燃料电池热电联产出货是主要因素。

图 3-1　全球燃料电池出货数量

来源：E4tech. The fuel cell industry review 2020. www.e4tech.com

从出货的容量来看，固定领域应用远少于交通领域，主要的因素是交通领域中，燃料电池汽车的快速发展，平均每台车辆的燃料电池功率都较大，如丰田 Mirai、本田 Clarity 及现代 Nexo 的功率都在 100kW 上下，而固定领域中，大型分布式应用虽然单个项目容量较大但是数量较少，小型家用燃料电池 CHP 数量虽多但平均在 1kW 以下（图 3-2）。

图 3-2 全球燃料电池出货容量

来源：E4tech. The fuel cell industry review 2020. www.e4tech.com

3.1 大型分布式发电站用燃料电池的应用及发展趋势

3.1.1 产业发展现状分析

3.1.1.1 燃料电池分布式发电概述

近年来，分布式发电技术以其独有的环保性、经济性引起人们越来越多的关注。分布式发电的定义是指将分布式电源系统以小规模（功率在数千瓦至 50MW）分散布置在用户附近、可独立地输出电能的系统。与大电网相比，分布式发电具有投资省、占地少、效率高、能源种类多、环境污染小、可靠性高等优点，特别适宜用作移动电源以及为供电网难以到达的偏远分散用户供电等。更重要的是分布式电源是集中供电有益的补充，能大大提高供电可靠性。在医院、数据中心等对供电可靠性和质量要求很高的用户单位，采用分布式电源与大电网相结合的方案，有利于应对高峰期电力负荷给大电网带来的电力供应不足等困难。同时，在电网崩溃和意外灾害情况下，分布式发电能维持重要用户的不间断供给。

目前，分布式发电能源主要包括光伏发电、微型燃气轮机、风力发电、燃料电池发电等多种形式。相比其他分布式发电能源，燃料电池具有效率高、洁净无污染、模块结构、积木性强以及稳定可控等特点，近年来成为各国政府和企业重点发展对象。

燃料电池分布式发电系统市场主要有美国的 FuelCell Energy、Bloom Energy，加拿大的巴拉德动力系统有限公司、水吉能，韩国斗山集团及日本的东芝集团等。国内在分布式燃料电池发电领域发展较晚，与国外存在较大技术差距，目前处于技术研发和演示阶段[22,23]。

3.1.1.2　大型燃料电池分布式发电的总体情况

目前全球的分布式发电用的燃料电池基本以百千瓦级和兆瓦级为主。欧盟的 JRC 研究中心的数据显示截至 2017 年全球的大型分布式燃料电池（> 200kW）累计部署超过 800MW，E4tech 报告了 2020 年大型固定式燃料电池（> 100kW）的安装数量达到 270MW（2019 年约为 230MW）。大型燃料电池类型中以 MCFC、SOFC 和 PAFC 型的中高温燃料电池为主，PEMFC 的类型较少（图 3-3）。

一方面由于中高温燃料电池的综合效率较高，能够达到热电联供的效果，另一方面较高温度使其对燃料杂质的耐受性较好，催化剂可以采用较为廉价的金属，可以选择的燃料更多，例如天然气、沼气等等。而 PEMFC 燃料电池对燃料的要求则相对苛刻许多，催化剂采用昂贵的铂金导致材料成本较高，同时热电联供的效果较差，造成它在大型的工业和商业中的应用受限，目前的示范项目中主要是基于工业的化工副产氢项目。

美国和韩国是目前大型分布式燃料电池部署的最主要国家，分别超过 500MW 和 300MW。各个国家和地区的大型分布式燃料电池的发展水平与其政府的激励政策、减排政策、制造商能力、电网的发达程度、点火价差等有

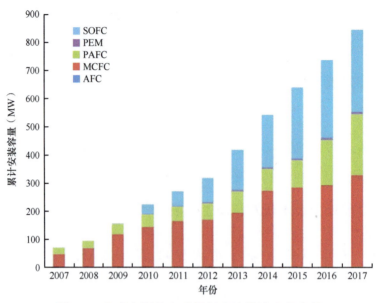

图 3-3　全球大型分布式燃料电池累计安装容量

来源：欧洲委员会联合研究中心

较大的关系，如美国的加州和康涅狄格州及韩国在这些方面的关联因素较多，因此装机容量最多（图 3-4）。

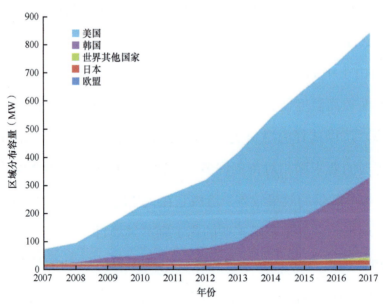

图 3-4　全球大型分布式燃料电池区域分布情况

来源：欧洲委员会联合研究中心

3.1.1.3　各国大型燃料电池分布式发电的发展情况

1）美国

在美国，迄今为止已经安装了超过 500MW 的大型固定式燃料电池装机容量。几乎一半（> 240MW）安装在加州，其次是康涅狄格州。

在美国大于 200kW 功率范围的燃料电池系统主要服务于大中型商业建筑、数据中心、医院、海军基地、仓库、产品分销中心和轻工业生产基地。

美国主要采用技术有 MCFC、PAFC 和 SOFC。目前，碱性和质子交换膜燃料电池在这类应用中很小。

美国大规模固定燃料电池发电技术的强劲增长有多个驱动因素，其中一个可能与政策无关的因素是，通过天然气网络利用燃料电池发电被认为比电网更可靠。极端天气事件会导致电力系统性能问题甚至基础设施破坏。2017 年，美国用户平均断电近 8h，而日本用户平均每年断电仅 4min。在 2003 ~ 2012 年 80% 的停电是由天气事件导致，密歇根州是所有州中停电次数最多的州，共有 71 次与天气有关的大停电（参考美国最高的燃料电池装机容量：加州 46 次停电事故、纽约 32 次停电事故、康涅狄格 10 次停电事故）。

在 2005 ~ 2015 年，美国联邦政府在氢能与燃料电池项目开发上投资了大约 21 亿美元。还有个别州开展了大量资金投入的部署行动。加州、康涅狄格州和其他州提供了旨在减少温室气体排放、提高电力可靠性、提高能源效率和降低电网消费需求的激励措施，大力推动了固定燃料电池的使用。

2）韩国

韩国处于对能源的高需求和对可再生能源的雄心勃勃的整合计划中，似乎已成为燃料电池发电的领先者。大规模固定燃料电池的累计部署装机容量超过 300MW，并计划在未来几年内进行大量的额外项目。韩国的 PAFC 和

MCFC 的产能分配相当平均，不过近几年 PAFC 扩张得更为迅速。

根据 2019 年韩国发布的氢能路线图，计划 2022 年国内的固定分布式发电将达到 1GW，2040 年达到 8GW。

韩国政府为氢燃料电池的安装提供补贴，高达示范项目成本的 80%。其他支持氢燃料电池的政策包括强制要求公共建筑使用可再生能源，以及在蔚山实施的氢能小镇等试点项目。公用事业公司必须开发能源基础设施，以达到可再生能源组合的标准。

3）欧盟

欧洲虽然致力于促进可再生能源应用，但专门针对大规模固定燃料电池发电和热电联产的投资水平很低。目前，欧洲只有大约十几兆瓦的大型燃料电池装机容量。因为欧洲的低电价（大部分国家情况类似）和良好的电网可靠性，导致客户对大型备用电源的需求较低，例如在德国，平均每位顾客受到断电影响的时间为 15.3min（2015 年）。目前欧盟在小型家用燃料电池 CHP 投入较多精力，而大型分布式发电系统基本以示范为主，商业化开发水平较低。

4）日本

自 20 世纪 70 年代以来，日本大举投资燃料电池技术，实施了"月光计划"和"阳光计划"等大型研发项目。1999 年实施的千禧年计划，该计划旨在促进燃料电池在交通运输和住宅热电系统中的发展。

日本制定了专门的氢战略，致力于实现世界第一"氢社会"。日本的小型家用燃料电池 CHP 安装近四十万台，然而，在 5kW+ 容量范围内的固定燃料电池是非常少的，在 > 200kW 范围内的大规模部署更是罕见。自 2007 年以来增加的总容量不足 10MW。按照日本的氢能发展规划，计划到 2030 年大型燃料电池发电达到 1GW，到 2050 年达到 15 ～ 30GW。

日本的大型燃料电池分布式发电总体处于示范阶段。2017 年，日本三菱重工推出了代号为 Hybrid-FC 的 250kW SOFC 与微型燃气轮机联合发电系统商业化产品，截至目前三菱重工已在日本安装了 9 套混合 SOFC 系统，并收到了首个欧洲订单。东芝由于核电业务放弃了 ENE-FARM 家用热电联产项目，逐渐开始大力推进 100kW 的 H2One 和 H2Rex，已经在国内安装了几十台，并出口海外市场。日本更多的公司正在大力研发 SOFC 型商业用分布式发电系统，美国的 Bloom Energy 也已进入日本市场。

5）中国

目前我国在这方面尚无商业化运作的案例，处于示范和验证阶段。近年来有数个小功率的项目交付并示范运行，例如 2020 年国家能源集团北京低碳清洁能源研究院首套 20kW 级 SOFC 发电系统在宁夏煤业实验基地试车成功，2021 年东方电气集团有限公司向华电集团公司四川分公司交付了 100kW PEMFC 热电联产系统，浙江高成绿能也在 2021 年先后交付了两套 20kW PEMFC 热电联产系统。

我国在低温 PEMFC 方面已经取得较大的突破，掌握了百千瓦级燃料电池发电技术，但在大型分布式燃料电池领域最广泛应用的中高温燃料电池方面与国外的技术差距较大。在高温 SOFC 方面，国外长期技术封锁，产业链完整度较差，目前技术水平尚不具备开发大型分布式发电的能力。在 PAFC 和 MCFC 方面，我国基本处于空白。

3.1.2　竞争力分析

大型分布式燃料电池发电系统优势在于综合能效较高。目前基本是作为部分主力电源 24h 不间断运行，供电的同时实现热/冷联供。此外，固定式燃料电池的工作环境相对平稳，使燃料电池的耐久性大大提升，普遍可以达到 10 年，但主要面临的问题是其商业经济性。

试以美国 Bloom Energy 公司的 200kW SOFC 电池系统探讨其经济性，不考虑补贴的情况，在美国的投资回报期接近 10 年（没有考虑热量的利用），经济性其实并不是非常理想（表 3-1）。但美国的天然气价格相当廉价，使 SOFC 燃料电池发电的成本较低，与电网价格相比具备一定的经济性，如天然气的价格上涨将直接导致经济性下降。此类产品的商业价值，最大原因还是美国不稳定的电网和停电事故导致的巨大损失，促使类似数据中心、大型制造业、医院等使用燃料电池的产品，最后重要的一点就是政府的激励政策和企业的环保意识。

表 3-1　BE 公司 SOFC-CHP 经济性分析

项目	数据
功率（kW）	200
购置成本（美元）	850000（按 4250 美元/kW 计算）
发电效率（%）	52
每小时天然气消耗量（MMBtu/h）	1.32
年发电量（kWh）	1752000
电价（美元/kWh）	0.1
发电产出（美元）	175200
燃气成本（美元）	34690（按 3 美元/MMBtu 算）
维护成本（假设 6%）（美元）	51000
发电效益（美元）	89510
成本回收期（年）	9.5

再观察中国的营口三征有机化工股份有限公司 2MW 的分布式燃料电池项目的经济性，该电站能够每小时将 1400m^3 的氯碱副产氢气转变为 2MW 的电能并于内部电网使用。项目总投资约合人民币 4300 万元，设合单位千

瓦造价 2 万元，燃料电池寿命 2 万 h。整个项目周期发电量 4000 万 kWh，定氢源价格为 0，合发电成本为 1.1 元/kWh。在中国发达的电网和廉价的电价下这个项目基本没有经济性。但如果以国产设备投资，造价控制在 2000 万元以内，合 1 万元/kW，合发电设备成本为 0.5 元/kWh，则存在一定经济可能性。

3.1.3　产业发展存在的问题

目前，我国发展大型分布式燃料电池产业主要存在三大问题。

一是经济性较差。大型燃料电池分布式发电系统的成本高昂，我国发达的电网和较低的电价使燃料电池分布式发电缺乏商业运营模式，上文已有详细论述。

二是基础较差。相比美国和韩国在大型分布式发电领域的快速发展，我国在燃料电池分布式发电方面发展较晚，与国外相比差距较大。

三是我国缺乏政策的激励。美国和韩国的大型分布式发电的大规模建设最主要的推动力就是政府长期的资助和补贴，从而培育了市场和产业链，形成数家具备商业化能力的企业，我国缺乏这方面的相关政策。

3.1.4　发展趋势展望

大型燃料电池分布式发电系统一直都是燃料电池发展的主要方向，一般作为独立于电网系统的额外主力电源为建筑供热或供电，保障在电网故障时维持必要的供电能力，也可以作为电网电力的补充，提高电网的弹性。

目前随着我国双碳政策明确，可再生能源的高速发展、大型燃料电池分布式发电站的作用将会显现。一方面在风电、光伏出力受限时，利用富余的可再生能源进行制氢，并作为备用能源储存下来，在负荷高峰期发电并网，提高新能源的消纳能力，减少弃风、弃光，增强电网可调度能力，并确保电网安全。未来随着规模化的氢储能系统的应用，可利用储氢发电实现跨季调峰等应用。另一方面利用氢气网络的建设，大型燃料电池分布式发电站可解决偏远地区的电力供应问题，可一定程度上延缓较为偏远地区微电网的电力设备投资。此外，大型燃料电池分布式发电站特别适合在北方寒冷地区使用，能有效解决热电联供问题，可以极大地提高能源效率，并减少排放。

3.2 家用热电联产用燃料电池的应用及发展趋势

3.2.1 产业发展现状分析

3.2.1.1 家用热电联产概述

家用热电联产（家用 CHP），又称微型热电联产（Micro-CHP），是一种针对家庭用户的热电联产系统，它的主要市场目标就是取代现有的家用热水炉。家用 CHP 利用小型发动机驱动一个较小的发电机，产生家庭所需的大部分电力。发动机通常以天然气为燃料，发动机的尾气余热进入家庭用热水系统，代替原先燃气热水炉燃烧的燃料。

与传统的大型中央发电站相比，家用 CHP 系统可以更快地实现其价值，减少对电网的需求压力，减少传统电站在传输和分配时的损失，在城市大电网出现故障时可以保障家庭生活不受太大影响。这种系统已经得到越来越多国家的政策制定者、设备制造商和业主的认可，产品在全球范围内得到大量使用。

家用 CHP 与现有大部分热电联产设备有着显著的区别，主要表现为：

功率小，一般不超过 3kW，可以安装在家用燃气表下，且运行在"以热定电"的模式下。作为大众化的家用产品，要求价格便宜，能达到每年最高 3500h 免维护运行时间，维护费用与燃气热水炉相当，运行安全、低噪声。

家用 CHP 系统目前可以采用燃气发动机进行发电，也可以采用燃料电池发电[24]。燃料电池 CHP 相比燃气发动机 CHP 具备更高的发电效率，这是因为燃料电池本身的发电原理不受制于热机的卡诺循环，热电联供的综合效率达到 90% 以上，具有无噪声、可靠性高、模块化、对负载变化可以快速响应等显著优点。估计家用燃料电池 CHP 将能节约 20% 的住宅燃料费用。家用燃料电池可用纯氢作燃料，也可使用燃料气、丙烷、甲烷等。

对于用户来说可以有两种供电方式的选择：一种是将燃料电池安装在室内，用户根据用电情况，自行调节燃料电池的运行工况，这种方式价格相对较低；另一种是将燃料电池安装在社区，用户通过电网向电力公司购买服务，这种方式避免了用户维修的麻烦，比较省事，但价格较高。

家用热电联产燃料电池是目前燃料电池出货数量最多的一种形式，它的平均单元功率较小，造成总体的兆瓦容量相比大型分布式燃料电池差距较大，按照 2020 年的固定式燃料电池的出货数据，家用热电联产系统的出货近 5 万台，有 PEMFC 和 SOFC 两种型号。

3.2.1.2　各国家用燃料电池 CHP 的发展情况

1）日本

日本是世界上对能源进口依赖程度最高的国家之一，国内能源 90% 依赖进口。为此，日本高度重视发展替代能源，其中燃料电池被列为重中之重。1980 年隶属于日本经济产业省的独立行政法人"新能源与产业技术综合开发机构（NEDO）"成立，开始统筹日本燃料电池技术的发展。日本能源技术革新主要围绕人们的日常生活进行，最引人注目的成果是家用燃料电池 CHP 系统[25]。

2002 年，日本三洋电机公司向市场推出了以城市煤气（或天然气）为燃料的家用小型发电装置。松下等公司 2004 年纷纷推出了自己研发的家用燃料电池。这些产品一般发电功率约为 1000W，燃料为从煤气中提取的氢，不会产生大气污染物。

由于技术上逐渐成熟，日本 NEDO 自 2005 年开启了"ENE-FARM"计划，在 2005～2009 年建设家用燃料电池示范项目 3300 台，并在 2009 年进行大规模商业化推广。东京天然气有限公司从 2005 年 2 月起以租赁方式向 200 个家庭提供服务，这是燃料电池第一次进入日本家庭。

2014 年日本首相公布"振兴日本战略"，内阁决策中提到，到 2030 年将会有 530 万部家用燃料电池投入使用，约占日本家庭总数的 10%。

官方数据显示，到 2020 年 3 月，总共部署了 31.3 万个 ENE-FARM 单位，比一年前增加了 4.3 万个，保有量位居全球第一。ENE-FARM 有 PEMFC 和 SOFC 两种技术路线，虽然近年来的年安装数量均在 4 万～5 万台，但距离日本的推广计划仍相去甚远（图 3-5）。

图 3-5　日本"ENE-FARM"安装数量和价格变化情况

日本家用燃料电池 CHP 的大力发展，离不开政府长期的政策推动。2009 年后，在日本政府补贴政策和松下、东芝等厂商的大力推广下，家用燃料电池系统顺利开启商业化应用阶段。由于规模效应明显，成本迅速降至 120 万～150 万日元/套（约 8 万元/套），2012 年成本下降 80% 以上，逐步减少补贴依赖。在此期间日本政府从 2010 年开始对于安装燃料电池系统的家庭提供 140 万日元或制造成本一半的补贴，到 2015 年开始政府补贴额度降低至 50 万～60 万日元。ENE-FARM 的补贴随着燃料电池成本的下降逐渐减少。日本政府表示，到 2021 年，PEMFC 系统成本将减少到 70 万～80 万日元，SOFC 系统成本将减少至 100 万日元。目前 PEMFC 类型政府补贴已基本退出，SOFC 类型仍有少量补贴。

2019 年 3 月 11 日，日本产业经济省发布"关于支持 ENE-FARM 等燃料电池扩大利用运营费补助金"财年预算提案，对 ENE-FARM 项目中的 SOFC 和 PEFC 燃料电池设备和安装费用进行补贴。燃料电池设备和安装费用的总价补贴范围：①低于参考价格（123 万日元，即 73800 人民币，2018 年汇率），SOFC 补助 8 万日元（即 4800 元人民币）；②高于参考价格而低于最高价格（134 万日元，即 80400 人民币），SOFC 补助 4 万日元（即 2400 元人民币）；③超过最高价格，不予补贴；④ PEMFC 没有统一补助标准；⑤对可支持液化石油气的设备、可应用在寒冷地区、可用在公寓等环境中的 PEMFC 和 SOFC 进行额外补贴。

"ENE-FARM"目前的系统功率都在 700W，这是根据日本家庭的用电情况制定的，700W 能覆盖大部分家庭大部分时间的用电量和热水用量，如遇到用电、用热水高峰期，则可以用市电和燃气热水器进行补充。

2）欧盟

除了日本，欧洲是家用燃料电池 CHP 另一个主要发展区域。欧盟对向可再生能源转型的决心强大，欧盟很多国家面临着解决居民供暖问题、避免电网铺设带来高额投资和二氧化碳减排的问题。家用燃料电池 CHP 无疑是个看上去不错的解决方案之一，不过目前欧洲的燃料电池 CHP 项目规模上来说要比日本小两个数量级，技术也基本来自海外。欧盟由 FCH-JU（燃料电池和氢能联合行动计划）统筹开展氢能和燃料电池项目，包括了家用燃料电池 CHP。同时针对家用燃料电池 CHP 部分国家有额外政策，比如德国有单独补贴，英国有发电上网补贴等。

相对应日本的 ENE-FARM，欧洲由 FCH-JU 在 2012 年实施了 ene-field 示范项目，该项目于 2017 年结束，历时 5 年。ENE-FARM 支持了 1046 套 300W ～ 5kW 的 PEM 和 SOFC 的 mCHP 系统。由于参与制造商有十数个，有些小企业在资金缺乏后不得不退出产品研发，使得项目的推进及效果不如预期。

FCH-JU 2016 年又启动了 PACE 项目接棒 ene-field，此次项目引入了 SOLIDpower、喜德瑞热能集团（BDR Thermea Group）、德国菲斯曼集团、博世集团四家有实力的大企业，并计划在 2018 年在欧洲 10 个国家布置至少 2500 套装置。

欧洲目前共安装了 12000 多套家用热电联产系统，相比日本的 ENE-FARM 差距较大，主要是欧盟大部分国家对家用燃料电池 CHP 支持较弱。德国是欧洲中对燃料电池政策最为支持的国家，欧洲大部分家用燃料电池 CHP 布局在德国，其他的国家如比利时、意大利、荷兰和英国也有不少安装。除了政策支持外，德国的电价在欧洲名列前茅，家庭建筑也较适合安装，从而客户对住宅燃料电池产品的接受度较高。

德国国家氢能与燃料电池技术组织（NOW）在 2008 ～ 2015 年启动了 Callux 项目，在德国境内有 7500 万欧元基金，50% 补贴给燃料电池，项目期间累计安装 500 套，产品累计运行 500 万 h，项目具体由太阳能和氢能研究中心（ZSW）协调。2016 年至今，新的 KFW433 项目启动，由国家氢能与燃料电池技术创新计划（NIP）协调，在德国境内 0.25 ～ 5kW FC-CHP 补贴金额为 5700 ～ 28000 欧元/套。在未来几年内，德国的 KFW433 项目将通过补贴使 FC 微型热电联产装置的大规模部署成为可能。

2019 年 1 月发布欧洲氢能路线图，计划 2021 年前安装超过 25000 个家用燃料电池微型 CHP 系统，到 2040 年欧洲主要国家家用燃料电池微型 CHP 系统需求总量能达到 250 万台。

3）韩国

韩国在 2010 年实施"百万绿色家庭"项目，推广家用燃料电池系统，计划在 2020 年前安装 10 万套 1kW 的燃料电池系统，安装补贴在 2010 ～ 2011 年之前达到 80%。2012 年实施"绿色氢城市示范"项目，计划在 2012 ～ 2018 年投入总额达到 877 亿韩元（其中中央政府出资 520 亿韩元，地方政府 185 亿韩元，私人投资 172 亿韩元）建设绿色氢城市。

在韩国 2019 年发布的氢能路线图中，韩国安装的家庭和建筑用燃料电池 CHP 约 7MW，根据韩国斗山集团的报告，数量约在 2000 台。目前韩国在家用燃料电池 CHP 的步伐明显滞后于大型分布式燃料电池发电系统的部署，韩国计划在 2022 年在家用和建筑用燃料电池的容量达到 50MW，2040 年达到 2.1GW。

3.2.2　竞争力分析

3.2.2.1　日本 ENE-FARM 经济性

虽然在政府的大力支持下，日本的 ENE-FARM 项目已安装超过 30 万台，但实际成果并未达到预期。主要装备制造公司中，日本 JX 控股公司（JX Holdings）已经退出；东芝也因为其核能事业破产的问题宣布停止后续新装业务；只有松下、三洋、爱信仍在生产。目前日本的 ENE-FARM 家用燃料电池 CHP 系统的官方宣传的投资回报期在 7～8 年，未来有可能缩短到 5 年，实际达标可能性目前来看较小（表 3-2）。

表 3-2　ENE-FARM 与其他 CHP 对比

类型	ENE-FARM	ECOWILL （天然气 CHP）	节能高效 热水器	冷媒热泵 热水器	高效煤油 热水器	传统型 热水器
销售价格 （推测）	120 万日元 左右	60 万～90 万日元	25 万～40 万日元	45 万～80 万日元	25 万～30 万日元	23 万～28 万日元
每年节约电 费、燃气费	5 万～8 万日元	5 万～6 万日元	1 万～1.5 万日元	7 万～12 万日元	约 0.7 万日元	—
回收年数	12～19 年	6～13 年	1～2 年	3～4 年	3～7 年	—
发电效率 （LHV）	39%～46.5%	23%～27%	—	—	—	—
热效率 （LHV）	43.5%～56%	63%～65.7%	95%	—	95%	80%
CO_2 减排	1.3～1.9t/a	0.4～0.8t/a	约 0.2t/a	约 1.2t/a	约 0.2t/a	—

结合燃料电池本身的发电成本近 20 日元/kWh，较之居民用电有一定竞争力，但不明显，整个投资回收期需要近 20 年，但是燃料电池本身的寿命一般就只有 10 年。只能寄希望于未来的燃料电池本身成本和发电成本大幅下降，经济性才会出现。

在日本，燃料电池 CHP 系统的合理性主要来自该国能源自给率非常的低，特别是核电备受争议和重启之路困难重重，能源安全问题突出，电价居高不下，同时日本的自然灾害频发，随时存在断网的风险，所以在政府的大力支持和补贴下，居民逐渐接受并认可家用燃料电池这种高效、稳定、环保的产品。

3.2.2.2　德国家用燃料电池 CHP 经济性

家用燃料电池的经济性需要直接与电网价格进行比较，欧洲电价高冠全球，特别是德国的电价全球最高，因此家用燃料电池发电具备一定竞争力（表 3-3）。

表 3-3　2019 年各国电价排名

排名	国家	电费价格（美元/kWh）	电费价格（元/kWh）
1	德国	0.395	2.7169
2	意大利	0.307	2.1116
3	英国	0.256	1.7608
4	日本	0.253	1.7402
5	法国	0.207	1.4238
6	土耳其	0.17	1.1693
7	美国	0.125	0.8598
8	韩国	0.11	0.7566
9	墨西哥	0.09	0.619
10	中国	0.084	0.5778

来源：国有资产监督管理委员会。

目前欧洲家用燃料电池自身的高成本是影响其推广的主要因素，欧州寄希望通过示范项目来大幅度降低家用燃料电池的成本，从而实现大规模推广。

3.2.3　产业发展存在的问题

中国国内发展小型家用热电联产的问题主要有：

第一，国内的住宅条件不适合提供额外的空间放置 CHP 系统。中国人口众多，城市人口密集度高，住宅环境与欧、美、日均不相同，不适合放置 CHP 系统。

第二，中国电价低、电网稳定，较之欧美缺乏安装 CHP 系统的动力。

第三，国内 PEMFC-CHP 的技术发展较好，但 SOFC-CHP 目前还没有商业化的能力，在家用燃料电池 CHP 应用市场萎靡的状态下，技术研发动力不足。

3.2.4　发展趋势展望

鉴于我国居民的实际情况，相比大型的、集中式的燃料电池分布式发电系统的应用前景，我国发展小型燃料电池 CHP 的发展或许会更难，需要寻找区别于国外的发展模式，例如可以利用廉价的副产氢资源，在居民楼宇外围建造集中式燃料电池 CHP 系统，而不是采取直接入户的形式，当然这样就相当于中型或者大型的燃料电池分布式发电系统。

目前科技部的"氢进万家"项目已经落户山东，这是家用燃料电池 CHP 发展的一个重要契机，将极大地助力家用燃料电池 CHP 推广模式和商业模式的探索和建立。

3.3　备用电源用燃料电池的应用及发展趋势

3.3.1　产业发展现状分析

3.3.1.1　燃料电池备用电源概述

燃料电池作为备用电源正在全球范围内被广泛采用，主要优势是燃料电池不仅可靠性高，而且比电池或柴油备用电源运行时间长，几乎不需要维护，因此可在偏远地区或在恶劣天气导致电网瘫痪的情况下保持系统运行。

从市场分类来看，备用电力系统有多个市场，较为传统的分类为：电信、住宅、轻型商业和医疗保健。随着极端天气频率和严重程度的增加，住宅备用电力系统，包括柴油发电机、UPS（uninterruptible power supply，不间断电源）、EPS（emergency power supply，紧急电力供给）等市场份额正在显著增长。各种规模的企业也开始提供现场备用电源，以确保安全出口、安保的持续、对紧急情况的有效响应以及数据保护。一些业务，特别是电子商务和电信，对业务操作中断非常敏感，因为停机的成本可能非常高，会导致收入损失和客户不满。这些企业通常有足够的人员和专业知识来评估各种可能的备用电源选择。传统的铅酸电池备电能力有限且不确定、对环境温度苛刻、循环寿命偏短、存在污染风险，而柴油发电机需要后勤保障、噪声大、排放高，同时柴油容易被盗和长期储存后降解的问题，因此燃料电池备用电源得到广泛的关注。

住宅和商用备用电源是一个庞大但对价格高度敏感的市场，这些应用中许多可能是主电源或热电联产（CHP）系统，例如受益于已安装的基础设施（天然气管道），可以安装作为主动力源的燃料电池热电联产系统。然而对于住宅和商用的备用电力市场，如果是作为短时间的应急运行，由于燃料电池自身成本较高，经济性较差，目前并不具备规模化推广的能力，燃料电池备用电力系统需要经历重大的成本削减才能出现重大的市场渗透。

电信塔备用电源市场在机组数量上相对较少，但与停机（特别是与每个机组相关的长时间停机）造成的相关业务损失成本很高，价格敏感度较低，特别是用于救灾的备用通信电源，基本不用考虑成本问题。电信塔可能远离天然气来源，通常是偏远的农村（经常和长时间停电）地区或城市环境，包括商业建筑屋顶。例如在城市环境中，停电时间通常较短，噪声或环境条例可能会阻碍或阻止柴油系统的安装。在这些条件下，基于燃料电池的可靠性，燃料电池系统是一个可以首选的解决方案。

目前的通信基站备用电源，普遍还是铅酸电池。相比传统的铅酸电池备用电源，燃料电池电源在持续备电时长、抗灾性、环境友好和使用寿命等方面具有明显优势，长期的总体运行成本低于传统的备用电源，并且其运行过程中真正零污染（表3-4）。

表 3-4　通信基站燃料电池与铅酸电池备用电源对比

项目	铅酸电池	燃料电池
使用寿命	3～6 年	15～20 年
备用时间	有限	持续发电
备份能力	单只故障，则整组供电中断	模块化，热备份强
抗灾能力	弱，长时间断电永久损坏	断电易恢复
日常维护	容量测试困难，监控复杂	简单，可远程监控
环境适应	容量随温度变化大	不易受环境温度影响
污染	铅、硫酸等易造成环境污染	零污染

2010 年左右，通信基站用燃料电池备用电源开始在全球商业化销售。在美国能源部政策的支持下，美国三大通信公司开始批量安装燃料电池备用电源。美国的 Ida Tech Group Limited 曾在 2008 年和印度的 ACME 集团签订了多达 3 万台 5kW 燃料电池系统协议，用于印度电信市场。印度尼西亚从 2011 年就开始批量使用燃料电池备用电源，2012 年印度尼西亚 Cascadiant 公司购买了 102 套巴拉德燃料电池系统，用于印度尼西亚两家无线电信网络的备用电源，目前已经超过 500 套。2018 年非洲的 Adrian Kenya 公司将在肯尼亚的 800 个电信基站安装燃料电池备用电源，作为基站的离网电源。

据 E4tech 数据，2020 年全球大概有 2200 台离网型的燃料电池备用电源，装机容量约 8MW。目前全球的通信基站正向 5G 网络转型，各国对通信基站的备电时间要求显著增长，可以预计未来通信基站的数量和电力要求将会猛增，这将对基站用燃料电池备用电源释放强烈的需求信号。

3.3.1.2　燃料电池备用电源特点

大型分布式电池和家用热电联产系统几乎是 24h 不停地处于运行状态，可以采用各种类型的燃料电池，但是对于备用电源来说要求能够提供快速可靠的响应能力，这与车用燃料电池的特性基本一致，大都也需要与电池系统互相结合使用。此外，例如高温 SOFC 系统不具备每月自检所需的循环能力，而每月自检至少需要每年启动 12 次才能满足停机响应所需的启动次数。所以目前备用电源所采用的基本为低温质子交换膜燃料电池 PEMFC。

PEMFC 备用电源系统需要具备的一些特点：系统必须在第一时间启动时，不需要外部电网支持，同时不需要人工互动；系统必须认识到存在电网（或主电源）故障，将自己与电网脱离，然后自动上线；当电网恢复后，系统应自动下线并有组织地关闭，以方便以后快速启动；对于大多数应用，系统需要每月进行一次开机和自检（对于关键应用可能需要更频繁地进行自检）；与主电力系统的超长寿命（约 5 万 h）相比，备用电力系统的寿命要求为 500～2000h，可以节省成本；对于大多数应用，系统期望是橇装的（除了燃料瓶），由训练有素的安装人员或有执照的专业管道安装人员和电工进行连接；所有的应用都需要进行安全管理，包括氢泄漏检测和响应[26]。

目前燃料电池备用电源的多数应用为电信塔，通常会经历相对缓慢的负载变化，其速度通常会慢到燃料电池响应时间所需的程度。然而其他应用，特别是在更大的功率范围内，可能会看到负载曲线的显著变化，特征瞬态时间比燃料电池响应时间短。对于这些应用，需要能量存储来管理瞬态，对于所有系统，需要能量存储来支持燃料电池启动。在没有电网提供额外的电力或接受多余的电力的情况下，燃料电池系统的大小应适应临界负荷，但不应在电力使用量下降时过度供电现场电力系统。在低负荷运行时，燃料电池将间歇性地进行充电，为电池提供备用电源[27]。

如上所述，燃料电池备用电源系统可被视为电池系统的扩展器，如果没有电池系统可能导致 10min 的系统停机。所支持的电网停运时间由现场储存的氢气量决定。与电池不同的是，只要安装了足够的安全设施，氢气瓶可以在极端天气条件下存放在室外。

备用燃料电池系统的储氢方式目前采用较多的有两种：一种是高压储氢瓶的方式，另外一种就是甲醇和水的混合溶液。采用高压储氢瓶的方式燃料电池系统的响应较快，但是配送较为麻烦，同时更换频率较大，而甲醇的方式虽然更加安全，配送方便，更换频率较低，但是它需要重整制氢然后提纯，导致需要较高的启动能量，结构也更复杂。所以这两种方式需要根据具体的要求来选择。

3.3.1.3 各国燃料电池备用电源发展情况

1）美国

美国是目前全球安装和使用燃料电池备用电源较多的国家之一，成百上千的燃料电池备用电源系统被安装在美国各地的电信塔、铁路交换站和信号站、政府设施和公用事业网络上，以便在极端天气或其他情况下为电网或通信线路提供恒定的电力。

美国部分区域的电网稳定性较差，沿海部分州的自然灾害较多，例如 2012 年的飓风"桑迪"（Sandy）就导致美国东部地区 10 个州超过 25% 移动通信基站受损而无法正常工作。燃料电池备用电源可以独立于电网运行，可以放置在偏远地区，帮助客户保持联系，保持关键的通信顺畅运行。加州燃料电池制造商 Altergy Systems 报告说，其燃料电池系统安装在加勒比海的多个蜂窝塔上，通过了 4 级飓风 Joaquin（2015 年 9 月 28 日至 10 月 15 日）的考验，在每小时 130mi 的风速和风暴下提供持续电力。

在美国有 41 个州至少在其中一个场景安装了燃料电池备用系统，许多州同时安装多个站点，为两个或多个场景提供服务。美国的燃料电池备用电源企业主要有 Altergy Systems、巴拉德动力系统有限公司、普拉格动力公司 Plug Power，原先的参与者还包括 IdaTech（2012 年被巴拉德动力系统有限公司收购）和 ReliOn（2014 年被 Plug Power 收购）。

美国能源部对 900 多个基站的资助（3000 美元/kW），激发了大于 5000 个使用燃料电池作为备电系统的订单（表 3-5）。

表 3-5　2017 年 DOE（美国能源部）和行业对燃料电池备用电源的资助数量

项目	DOE 资助（个）	行业资助（个）	合计（个）
备用电源数量	907	7660	8567

在公布的调查数据中显示，至 2014 年，超过 8 个州，近千个电信基站选择燃料电池作为备用电源。据统计，佛罗里达州共安装了 356 套备用电源系统，分别安装在 140 个 MetroPCS 站点、1 个 AT&T 站点和 1 个 T-Mobile 站点；加利福尼亚州在 77 个 Sprint 站点、43 个 AT&T 站点和 1 个 T-Mobile 站点安装了燃料电池备用电源系统；纽约在 63 个美国无线运营商 Sprint 公司站点安装了燃料电池备用电源系统；密歇根州在 59 个 AT&T 站点安装了燃料电池备用电源系统；新泽西州在 45 个 Sprint 站点安装了 FC 备用电源系统。同时，Sprint 和 AT&T（American Telephone & Telegraph，美国电话电报公司）都获得了美国能源部 ARRA（美国复苏与再投资法案）的资金和政策支持，在 200 多个站点安装了近 900kW 的燃料电池备用电源。作为其中的一部分，作为美国最大的长途电信运营商 AT&T，在其几百个通信基站上使用的燃料电池备电系统经历了多于 1000 次的断电考验，尤其是在桑迪飓风

灾害时，燃料电池备电系统在保证部分通信畅通中起到了关键作用。

除了电信通信基站，燃料电池备用电源也在美国的铁路中应用，主要用于为铁路信号和交叉口的备用电源。美国 CSX 运输公司 2010 年首次在其佛罗里达州杰克逊维尔（Jacksonville）总部附近为其铁路部署了燃料电池备电系统。在接下来的两年里，该公司又扩展到 50 个站点，包括俄亥俄州的北巴尔的摩，以提供通信备电服务。CSX 报道说，2013 年，在俄亥俄州西北部，大规模的风暴摧毁了商业电力服务，时间超过 3 周。有备用电池的地点需要便携式发电机的支持，但巴尔的摩北部的燃料电池继续不间断地提供电力。CSX 随后又购买了 140 个额外的燃料电池系统。

2016 年 2 月，美国燃料电池制造商 Ultra Electronics USSI（印第安纳州哥伦比亚市）宣布从战略合作伙伴 RedHawk Energy systems，LLC（俄亥俄州帕塔斯卡拉市）获得了大量燃料电池备用电源的后续合同。

2019 年美国加州的极端天气事件和火灾季节导致一些地区失去高达 60% 的电信塔覆盖，之后加州公共事业委员会强制要求该州的电信塔进行 72h 电力备份，这使北美供应商可能会从这一决定中受益，从而加快燃料电池备电的推广。

2）欧洲

如今欧洲许多站点运营商都面临着新法规，这些法规将规定最短的备电时间。对于关键基础架构站点，此最小范围是从几小时到 72h。这意味着运营商将必须选择正确的解决方案来应对这一新现实。大多数运营商会考虑最常见的备用电源选项：电池——会增加系统所需的空间；柴油发电机——可能嘈杂且需要专门的维护。由于法规和站点电源要求将不断变化，因此网络运营商需要在预算范围内灵活地选择解决方案，同时又不影响可靠性。

通常欧洲的国家/地区正在朝着更可靠和更长的备电方向发展，斯堪的纳维亚处于技术发展的前沿，拥有一些世界上最快和最广泛的通信网络，北欧国家在宽带连接方面高于欧盟平均水平。欧盟 2017 年的平均宽带接入率约为 85%，其中 97% 的丹麦公民、95% 的瑞典公民、94% 的芬兰公民和 85% 的挪威公民（2016 年）能够接入宽带。这意味着人们越来越重视可靠的关键基础设施的重要性，从而产生了越来越多的新立法。在经历了数次漫长的电源中断之后，挪威正朝着强制延长备电时间的方向发展，关键网络节点正在得到加强，以增加备电时间并提高站点可用性。例如挪威 Forsterket Ekom 项目要求在 423 个城市的关键地点设置 72h 以上的备电时间。同样瑞典正在制定法规，要求从 2020 年开始在光纤宽带和电信网络的关键节点上备电 12 ～ 24h。在丹麦，尚未发布任何立法，但是，大多数光纤宽带运营商以及 SINE 网络已经在使用创新的备用电源解决方案，例如燃料电池技术。

丹麦从 2007 年开始使用燃料电池作为备用电源，如今丹麦各地有大约 400 个燃料电池备用电源。巴拉德动力系统有限公司的 FCgen®-H2PM 燃料电池备用电力系统已经在丹麦 SINE 网络的大约 120 个无线基站站点成功安装和运行。这些系统已经运行了 5 年多，在估计的 4000 次断电中没有启动故障，提供了一个关键的备用电源解决方案，延长了运行时间，以确保在任何紧急情况下都能持续服务。

在德国，Proton Motor 在 2012 年为巴伐利亚州 Bayernwerk AG 的 Bachhausen 变电站提供 5kW 的燃料电池备用电源，以满足电网故障时变电站的基本电力需求，Bachhausen 变电站为周围的社区、各种移动运营商的电讯设备以及多瑙河运河上的泵站提供电力。

2016 年 Proton Motor 与 DB Bahnbaugruppe 合作，为政府机构的广播电台塔提供燃料电池应急电源系统。2018 年 Proton Motor 在 Deutsche Bahn 火车站控制中心安装了氢燃料电池作为备用能源。在电源故障的情况下，燃料电池将为控制中心和火车站提供可靠的应急电源，该系统正在测试中，一旦所有测试完成，则该燃料电池系统将在整个德国铁路系统中使用。

德国 SFC Energy 是为固定和移动混合动力解决方案提供直接甲醇和氢燃料电池的领先提供商，SFC 的 EFOY 系列燃料电池被广泛用在各种离网的备用电源领域。例如，用于监控系统、测量站、石油和天然气、通信基站以及许多其他应用，除了军用外，工业应用主要面向欧洲和北美客户，其中应用最多的 EFOY Pro 是基于 DMFC（直接甲醇燃料电池技术）。2020 年 1 月，巴拉德动力系统有限公司宣布与 adKor GmbH 和 SFC Energy 签订了设备销售协议，500 个 FCGen-1020ACS（2.9kW）堆栈将用于 Jupiter 系统，以支持全国范围内的 BOSNet 数字无线电塔，以满足联邦 72h 后备电力需求。

3）印度

印度每年大约建成 65000 个电信基站，2019 年底，印度的 4G 基站数量约 70 万个，但仍有 35% 地区完全没有电网覆盖。当地基地台通讯都放在铁塔上，只要停电就会断讯。不少电信塔以柴油发电机发电或作为备援电力，而柴油发电机长时间使用会过热跳机，常常造成基地台断讯，更甚者整台柴油机被偷走，燃料电池备用电源潜在市场需求量极大。但同时，印度也是自然灾害频发的地区，鉴于此，2012 年 1 月，印度电信管理局（TRAI）发出指示，要求在五年之内，全国乡村地区 50% 的通信基站天线塔和城市 33% 的天线塔必须安装燃料电池备用电源系统，以保证通信的稳定和一定的环境效益。印度 Idea Cellular 公司的无线通信网络在 2011 年使用了巴拉德动力系统有限公司下属备用电源公司 Dantherm Power 制造的 30 台 DBX2000 燃料电池系统，该系统的功率为 2kW。2015 年巴拉德动力系统有限公司收到了印度 Reliance Jio Infocomm 有限公司（RJIL）的一份采购订单，为其无线电信网络部署 100 个 ElectraGen™-ME 甲醇重整燃料电池备用电力系统。

2015 年英国英泰力能（Intelligent Energy）开发的最新一代氢燃料电池模块在印度移动通信基站中成功安装，并且由其子公司 Essential Energy India 负责提供能源管理服务。从 2014 年开始，印度电信基础设施运营商已经开始在柴油发电机与电池供电的基站中使用 Essential 能源管理服务，当电网断电时保证通信设备供电安全。至今，Essential 公司已经为超过一万个基站提供服务，总计装机功率为 100MW，年均收入达 7500 万美元。Essential 预期，未来大部分的电信基站将会从传统的电源过渡到氢燃料电池供电，从中长期看，其母公司 Intelligent Energy 可以在印度市场获得大约每年 10 亿美元的收入。

4）中国

我国通信基站规模全球第一，特别是在 5G 领域处于领先，我国燃料电池备用电源相比欧美，甚至与印度和印尼相比都发展较慢。目前累计有上百套投入运营，相比庞大的基站数量，显得微不足道。参与的企业主要有上海攀业氢能源科技有限公司、江苏弗尔赛燃料电池动力系统有限公司、上海恒劲动力科技有限公司、浙江南都电源动力股份有限公司、江苏双登集团有限公司、广东合即得能源科技有限公司、新源动力股份有限公司、北京国鸿氢能科技有限公司等。

2009 年在湖北省科技厅和武汉市科技局的大力扶持下，武汉理工新能源有限公司、武汉理工大学、中国移动通信集团湖北有限公司联合美国 ReliOn 公司在梁子湖移动通信基站安装了我国第一台商业化通信基站燃料电池备用电源，在 6 个储氢罐的持续供气下，它能支持移动通信基站连续运转 48h。

运行期间，梁子湖无线通信基站多次停电，总停电时间达 50h，最长单次停电时间达 12h，燃料电池备用电源都成功地为通信基站及时提供了稳定的电能，保证了停电期间通讯的畅通。同时该燃料电池备用电源系统经受了武汉室外气候环境的考验，武汉市四季分明，夏季室外最高温度达41℃，冬季室外最低温度仅为–3℃，燃料电池系统均可正常启动并成功运行。

在工信部的组织下，联合包括中国移动、中国联通和中国电信等众多企业，在2009年开始起草通信用燃料电池备用电源的技术规范，并在2012年将完成稿申报国家标准。

在2009年到2013年期间，三大运营商在各省级分公司的层面进行了大量的在线测试和试用，并认可了燃料电池的优势。同时2012年，中国联通率先在总部层面开展了在线测试，获得了大量第一手技术资料，充分验证了燃料电池的可靠性、安全性和实用性，同时获得测试资格的厂商均为国内厂商。中国联通在2014年2月开始了我国首个通信用燃料电池备用电源的招标，并于5月公布了招标结果，这是我国燃料电池行业首个商业化招标。

2017年科技部高新技术司在北京组织召开了"十二五"国家863计划主题项目"燃料电池备用电源系统可靠性与耐久性关键技术研究"验收会。该项目由苏州弗尔赛能源科技股份有限公司承担，中国东方电气集团有限公司等多家单位共同完成。

2019年Element 1 Corp（e1）宣布强伟氢能科技有限公司（Co-WIN）已将e1的甲醇制氢技术整合到燃料电池系统中，为中国的5G中国移动10kW电信示范系统提供备用电源。据悉，这是中国乃至全球第一个被纳入5G电信应用的燃料电池系统。该演示系统采用中国移动5G设备，位于中国广州的天河科技园。

国内也有部分企业在研发燃料电池备用应急电源，例如上海恒劲动力科技有限公司和北京国鸿氢能科技有限公司，用于通信应急电源或者救灾应急电源。

另外中国台湾的中兴电工机械股份有限公司其甲醇重整燃料电池备电在

世界各地的电信塔运营商中很受欢迎，包括南非的 Vodacom、印度的沃达丰和日本的 Docomo，已经在六大洲的 33 个国家售出了 3000 多台。

2017 年，中国台湾地区中兴电工机械股份有限公司接获印度电信商 ATC 一笔 3000 台燃料电池订单，并负责后续营运，总价值 30 亿台币。第二笔订单来自印度最大电信运营商 Airtel 子公司 InfraTel，双方签下 5+5 共 10 年的合约，由中兴电工先建置 250 台燃料电池系统，运作良好后续采购量会达 4 万台，订单总金额将高达 10 亿美元以上（约合 300 亿新台币）。

3.3.2　竞争力分析

单纯从成本方面看，燃料电池备用电源可能还无法与传统的发电机或基于电池的系统相匹敌，初始成本过高是目前国内通信商安装意愿不强的最主要原因之一。但燃料电池备用电力系统的整体价值取决于停电所造成的经济损失和安全隐患。

与现有技术相比，燃料电池备用电源有可靠性高、能够长时间运营、无废气排放和安静等优势。后两个因素在密集的城市环境中变得越来越重要，例如城市建筑屋顶上的装置。在许多方面，燃料电池比传统的备用电力系统具有更大的优势，很难用金钱来衡量这些方面的价值。最终用户将需要权衡这些因素与燃料电池系统的额外成本，以确定适合每个应用的系统选择。如果将额外的空间和空间调节的成本，以及传统备用电源所需的环境改善设备（额外的噪声缓冲器、排气稀释系统等）计算在内，燃料电池可能会成为传统备用电源技术的一个有吸引力的替代方案。

燃料电池备用电源使用寿命可达 10 年，仅需要每年维护检查（更换空气滤清器和添加燃料），大大降低了使用寿命周期内的购置成本和维护成本。燃料电池解决方案比传统解决方案具有更好的环境适应性，对工作环境的温度要求较低，可以有效降低空调能耗等辅助设备维护成本。如果基站交通负荷增加，需要扩容，只需简单操作，燃料电池解决方案即可轻松实现扩容，同时，它可以与可再生能源或混合解决方案中使用的太阳能、风能相结合，降低平稳升级的成本。

美国的 Altergy Systems 公司对 5kW 的备用电源作了总体拥有成本（TCO）的比较，在它的结论中可以看到燃料电池备用电源的经济性非常突出（图 3-6）。Altergy 的 Freedom Power 技术的专利设计可以将备用电源拥有的总成本降低约 60% 或更多，维护成本约 100 美元/a，就是每年或每隔一年清洗或运行 1000 h 更换一次空气过滤器。

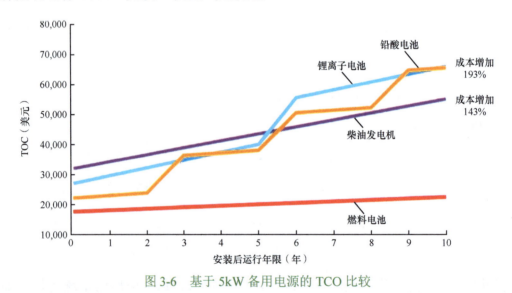

图 3-6　基于 5kW 备用电源的 TCO 比较

3.3.3　产业发展存在的问题

燃料电池备用电源的最大问题是相较大型分布式发电和小型家用热电联产而言，一直是个被忽视的市场。

国内在燃料电池备电市场早期有所应用，但基本没有推广开，基站公司缺乏推广的动力。一方面国内缺乏相关的政策激励，另一方面在燃料电池系统成本大幅下降之前，那些偶尔出现短时间电源中断的地区不太可能从燃料电池备用电源系统中获得经济效益。

3.3.4 发展趋势展望

根据 2019 年 10 月工信部发布的数据，截至 2019 年 9 月底，我国移动通信基站总数达 808 万个，其中 4G 基站总数为 519 万个。我国的 5G 技术一直处于世界领先水平，我国在 2019 年 6 月 6 日发放了 5G 商用牌照，2019 年 11 月 1 日，我国正式启动 5G 商用。截至 2021 年 2 月底，累计建成 5G 基站 79.2 万个，独立组网模式的 5G 网络已覆盖所有地级市，5G 终端连接数已达 2.6 亿。

由于 5G 网络的传播特性，就算在和 4G 网络相同的覆盖率下，5G 的基站都会是 4G 基站的倍速增长。因为频率越高的基站它的衰减性会越快，5G 比 4G 对于环境的容忍度更低，所以，基站密度就会比原来大。由于 5G 传输速率将成倍提升，5G 基站和数据中心将处理海量数据。可以预计，5G 基站和数据中心的计算功耗将随着带宽（或者说传输速率）的增加而不断上升，电力需求也将随之上升。如何保障未来大量基站的运营安全将是国内通信基站运营商急需解决的问题。

在我国 5G 基站高速发展的背景下，通信基站备电面临着更新迭代，在环保压力和备电要求提升的推动下，燃料电池备电市场试点示范将会加快，潜在市场巨大。

3.4 氢能及燃料电池在电力领域发展路线图

1. 发电领域，"风-光-氢-储一体化模式"有望成为发展出路

如上文所述，燃料电池大型分布式发电系统在中国尚存诸多困难，但随着可再生能源的发展，燃料电池成本的下降，风、光等可再生能源发电结合氢储能将成为重要的发展思路。

实现碳达峰碳中和目标是国家重要战略，可再生能源将成为电力系统的主导，风、光等可再生能源装机水平将可预见地继续高速提升，而基于可再生能源发电所具有的随机性、波动性、分散性等特点，电源侧出力波动加大，负荷侧不确定性增加，电力系统功率平衡压力增加，电网安全运行风险加大。鉴于此，氢能燃料电池发电成为调节电力平衡的重要手段，在可再生能源发电冗余时制氢、存储、再发电的形式将成为重要解决方案。国家今年以来大力推广风-光-氢-储一体化项目的概念和源-网-荷-储一体化项目。

2. 燃料电池作为通信基站的备用电源将是一种具有竞争力的应用方式

如前文所述，燃料电池备用电源与铅酸电池和锂离子电池相比，初始投资高，但是运维成本低，全周期的年均费用是有一定竞争力的。随着 5G 技术的发展，通信基站对于备用电源备电能力的要求大幅增加，以往的铅酸电池备用电源将需要替换和淘汰，燃料电池备用电源储存足够的燃料即可实现长时间的备电，维护也相当的简单，并且其运行过程中真正零污染，应被高度重视并进行推广应用。

3. 发展路线图

我国固定式燃料电池技术发展情况和未来的应用前景，应借碳达峰碳中和及科技部"氢进万家"项目的政策契机，以小型的 PEMFC 热电联供系统和备用电源为切入口，开展用于住宅、工业、产业园区和通信基站等场景的规模化试点示范，培育和完善固定式燃料电池发电系统产业链，提升产品竞争力，探索和打通商业化运营路径。结合我国氢能重点专项和"氢进万家"项目，重点扶持和培育高温 SOFC 产业链，大力攻关薄弱环节，积极推进 SOFC 发电系统的研发、示范和推广。

面向未来的分布式氢储能电站，应重点攻关大功率高温燃料电池发电系统，提升模块化集成能力，加快布局兆瓦级集中式和区域式的燃料电池电站（表 3-6）。

表 3-6　氢能在电力领域发展路线

领域		类型	2020～2035 年	2036～2050 年
电力领域		总体目标	固定式燃料电池发电系统达到 1GW 级别	固定式燃料电池发电系统达到 50GW 级别
	细分目标	大型电站（＞100kW）	装机规模 800MW	装机规模 40GW
		中小型 CHP（≤100kW）	装机规模 200MW	装机规模 10GW
		备用电源	装机规模 100MW	装机规模 1GW
	关键技术/重大装备	备用电源	效率 50%，寿命＞15 年	效率 55%，寿命＞20 年
		固定电站	模块化集成，平均装机容量 3MW/座，综合效率 80%，寿命＞15 年	模块化集成，平均装机容量 30MW/座，综合效率 85%，寿命＞20 年
	近期重点任务		1. 完善政策、标准支持体系 2. 完善产业链，培育重点企业 3. 加强研发，提升产品成熟度 4. 降低成本，提升经济性 5. 打造规模化示范场景及工程	

续表

领域	类型	2020～2035 年	2036～2050 年
电力领域	示范工程	1. 社区、楼宇集中式热电联供示范工程 2. 副产氢企业厂区兆瓦级热电联供示范工程 3. 可再生能源制氢储能及兆瓦级发电调峰示范工程 4. 离岛式通信基站备用电源示范工程	

第 4 章

氢能在其他领域的应用及发展趋势

4.1 氢能在钢铁冶金行业的应用及发展趋势

氢能作为新兴的战略能源，具有零污染、零排放的优势，在应对全球气候变化和能源转型的背景下，各国都高度重视无碳和低碳能源的开发利用，被视为 21 世纪最具发展潜力的清洁能源之一。氢冶金通常是指利用氢气生产海绵铁的气基直接还原工艺或其他富氢冶金技术[28]。

钢铁冶金工业是国民经济发展的基础性产业，对完善国民经济产业支撑、保障国家安全、提升国家国际地位有着极其重要的作用。但钢铁冶金工业对煤炭资源的需求量巨大，是二氧化碳排放大户。

公开资料显示，全球钢铁工业每年的碳排放量约占全球温室气体排放总量的 3% ~ 4%，我国钢铁工业二氧化碳排放量占全国二氧化碳排放量的 15%，占全球钢铁行业碳排放量的 60% 以上，因此降低二氧化碳排放一直是我国钢铁企业的重大任务。同时，钢铁冶金工业中的烧结、炼焦生产过程中会产生废水，废弃物含有酚氰、硫化物、氮化物、一氧化碳和二噁英等有害物质，环境污染严重。

根据我国《钢铁工业调整升级规划（2016-2020 年）》，要求在"十三五"期间能源消耗总量和污染物排放总量分别下降 10% 和 15% 以上。随着环保要求日渐严格，钢铁企业的减排压力只会越来越大。

将氢气代替煤炭作为高炉的还原剂，以减少乃至完全避免钢铁生产中的二氧化碳排放是一种非常好的减排技术。

碳冶金和氢冶金的化学反应方程式如下：

碳冶金：$2Fe_2O_3+3C \rightleftharpoons 4Fe+3CO_2$

氢冶金：$Fe_2O_3+3H_2 \rightleftharpoons 2Fe+3H_2O$

从化学反应方程式可知，碳冶金的最终产物是 CO_2，而氢冶金的还原剂

为 H_2，最终产物是 H_2O，真正做到 CO_2 零排放，所以将碳冶金改为氢冶金是钢铁工业发展低碳经济的最佳选择。

氢能应用于钢铁冶金是钢铁产业低碳绿色化转型升级的有效途径之一，目前研发热点主要有富氢还原高炉炼铁和氢气竖炉直接还原工艺。高炉通过喷吹含氢介质富氢还原冶炼实现碳减排幅度可达 10% ～ 20%，但其碳减排潜力受到多种因素限制，而气基竖炉直接还原环境负荷小，更适宜氢冶金 [29]。

4.1.1 产业发展现状分析

国外在氢冶金方面起步比较早，日本、德国、瑞典、奥地利等国家率先进行了大量的氢冶金技术开发和示范应用；随着国内钢铁冶金行业碳排放的逐步增加，相关企业也开始着手布局氢冶金，中国宝武钢铁集团有限公司（宝武集团）、河钢集团有限公司（河钢集团）、酒泉钢铁（集团）有限责任公司（酒钢集团）、天津荣程祥泰投资控股集团有限公司（天津荣程集团）、中晋太行矿业有限公司（中晋太行）、北京建龙重工集团有限公司（建龙集团）等相继开展氢冶金相关的研究及项目建设。

1. 国外氢冶金发展态势

日本是最早尝试用氢气进行炼铁工艺的国家，早在 2008 年日本启动了环境和谐型炼铁项目 COURSE50（CO_2 ultimate reduction in steelmaking process by innovative technology for cool earth 50），最终目标是实现炼铁工艺二氧化碳排放量减少 30%；随后瑞典、奥地利、德国等相继开展了氢冶金项目，研发热点主要有富氢还原高炉炼铁和氢气竖炉直接还原（表 4-1）。

表 4-1　国外氢冶金相关项目情况

序号	项目名称	项目类型	投资情况	项目进展
1	日本 COURSE50 项目	氢炼铁	150 亿元	2008 年启动，计划 2030 年应用
2	瑞典 HYBRIT 项目	氢炼铁	10 亿～20 亿克朗	2016 年启动，2018 年 6 月～2024 年中试，计划 2035 年商业化
3	奥地利奥钢联	氢炼铁	1800 万欧元	2017 年初启动，计划 2050 年减排 80%
4	安赛乐米塔尔建设氢能炼铁实证工厂	氢炼铁	6500 万欧元	2019 年 9 月开工
5	蒂森克虏伯氢炼铁（Carbon2Chem）	氢炼铁	100 亿欧元	2019 年 11 月首次实验
6	德国迪林根和萨尔钢氢炼铁技术开发	氢炼铁	1400 万欧元	2020 年实施
7	萨尔茨吉特低二氧化碳炼钢项目	氢炼钢	5000 万欧元	2020 年投运

2. 国内氢冶金发展态势

国内布局氢冶金的相关钢铁企业主要有宝武集团、河钢集团、酒钢集团、天津荣程集团、中晋太行、建龙集团等，具体如表 4-2 所示。

表 4-2　国内氢冶金相关项目情况

序号	所属单位或项目	时间	项目进展	项目简介
1	宝武集团、中国核工业集团有限公司、清华大学	2019 年 1 月 15 日	三方签订《核能制氢-冶金耦合技术战略框架协议》	开展超高温气冷堆核能制氢研发，耦合钢铁冶炼，实现钢铁行业超低排放
2	河钢集团、中国工程院咨询中心、中国钢研科技集团有限公司、东北大学	2019 年 3 月	组建"氢能技术与产业创新中心"	成为京津冀地区最具代表性和示范性的绿色、环保倡导者和实施者
3	酒钢集团	2019 年 9 月	成立酒钢集团氢冶金研究院	创立"煤基氢冶金理论""氢冶金磁化焙烧理论"
4	天津荣程、陕西鼓风机（集团）有限公司、西安瀚海科技有限公司、韩城市人民政府	2019 年 10 月	开发西部氢岛、能运互联岛	建立国家级氢能源开发与供应基地、氢能源应用技术研发基地和国际国内氢能源技术交流与合作中心

续表

序号	所属单位或项目	时间	项目进展	项目简介
5	河钢集团、特诺恩技术（天津）有限公司	2019年11月	建设全球首例120万t规模氢冶金示范工程	分布式绿色能源、低成本制氢、气体自重整、氢冶金、成品热送、二氧化碳脱出等全流程的创新研发
6	中晋太行焦炉煤气直接还原炼铁（CSDRI）	2019年底调试	干重整制还原气直接还原铁	干重整技术优势：定制合成气 H_2/CO
7	建龙集团富氢熔融法（CISP）	2020年10月进行首次试生产	高纯生铁项目	30万t富氢熔融还原法高纯铸造生铁项目，碳冶金改为氢冶金
8	京华日钢控股集团有限公司、中国钢研科技集团有限公司	2020年5月初签署合作协议	氢冶金项目	计划利用氢气年产50万t直接还原铁

4.1.2　竞争力分析

1. 钢铁冶金用氢代碳，长远看经济性可期

用氢气代替煤炭用于钢铁冶金行业，工艺变换中成本占比最大的是还原剂本身。经计算，生产1t生铁需要601m³氢气，补偿吸热反应需要67m³氢气，加热融化岛至1600℃需要85m³氢气，按照75%热效率计算，生产1t生铁最终需要的氢气量为1000m³。而传统工艺，生产1t生铁需要300kg焦炭和200kg煤粉。按照当前的炼焦成本估算出钢铁行业可以接受的氢气成本为0.65元/m³。当前国内通过煤制氢成本为0.83～1.13元/m³，国内泰钢集团、鞍钢集团等利用焦炉煤气通过变压吸附制备纯净的氢气成本为1元/m³。这个价格虽然大于成本平衡价格，但是已经较为接近，随着制氢技术的不断发展，用氢气替代煤炭作为钢铁冶金中的还原剂具备了经济性潜力。

2. 钢铁企业有着极其丰富的氢气资源

由于钢厂本身的生产需求或副产气体处理需求，大型钢铁企业基本上拥有自己的气体企业。沙钢集团氢气产能 1400t，其生产氢气纯度达 99.999%；河钢集团焦炉煤气产量达 33 万 Nm^3/h，按氢气含量 55% 计算，约年产 16 亿 m^3 氢气，生产的氢气纯度可达到 99.999%；宝钢集团在华东地区拥有完善的高纯氢生产和配送网络，18000m^3/h 制氢能力以及 100000m^3/h 的工业氢资源。

因此，从长远来看，未来用氢气直接进行炼钢无论从经济性还是便利性方面都有着非常大的潜力。

4.1.3　产业发展存在的问题

1. 氢能用在钢铁冶金行业在我国仍处于起步阶段

对比国外项目，我国钢铁冶金企业在用氢气替代煤炭作为还原剂方面起步较晚，尽管"氢能炼钢"已经开始受到了越来越多的关注，但国内在这方面仍处于起步和技术研究阶段。国内的钢铁企业中，目前仅有宝武集团、河钢集团、酒钢集团、清华大学等单位提出了相关的构想，但具体的项目方案仍有待落地，并未有相关示范经验，离产业化仍有相当远的距离。

2. 短期内氢气作为还原气成本仍较高

用氢气来炼钢在我国处于起步阶段，有着很多的技术难点需要去攻克。除此之外，炼钢需要大量的高纯度、低成本氢气，但短期内氢气成本还较高。更重要的是，目前全球超过 95% 的氢气来自天然气和煤炭，每生产 1t 氢气会排放 9 ～ 12t CO_2，而"绿氢"的制造成本高昂，增加了钢铁的生产成本。因此钢铁公司目前切换技术的意愿不强，只有个别大的钢企在进行尝试，除非政府对使用绿氢的钢厂进行补贴，这无疑增加了政府财政负担。

3. 钢铁企业减排意识尚浅

钢铁工业是碳交易市场的主要目标和核心参与者，碳排放在一定程度上对钢铁行业和钢铁企业都将产生重大影响，我国多数钢铁企业尚未意识到碳排放将成为未来影响企业发展的巨大挑战，因此新技术的大规模推广应用短期内较难实现。

4.1.4　发展趋势展望

近年我国氢能产业发展迅速，钢铁行业是氢能产业链中非常重要的一环。钢铁与氢能有天然联系，钢铁企业既是产氢企业，也是用氢单位。

钢铁行业是去产能、调结构、促转型的重点行业，氢可以具备帮助钢铁企业节能减排、完成转型的潜力，加之氢能行业是处于起步阶段的行业，钢铁企业为氢能提供了更多的落地应用机会，有着良好的示范效应和应用前景，能够吸引更多行业涉足氢能与精品钢制造。同时，将氢气加入钢铁企业的产业链中，能够升级传统钢铁制造、扩大氢气的使用量、有效利用废钢以及减少铁矿石的使用量，将形成产业结构和能源结构的双赢局面。

4.2　天然气管网掺氢的应用及发展趋势

氢能运输是制约氢能产业发展的薄弱环节，经济性和安全性都有待完善。天然气网络掺氢是解决上述问题的有效方案，近年来一直是国外研究和测试的热点。近年来，随着社会经济的快速发展，天然气作为一种清洁能源越来越受到青睐，其在能源供应中的比例迅速增加，很多国家都将天然气列为优先发展的能源品种，因此天然气管网建设在全球已经较为成熟。

天然气掺氢燃料（hydrogen enriched with compressed natural gas，HCNG），是将氢气与天然气按一定比例混合而得到的代用气体燃料，是"浅氢燃料"的一种。考虑到氢气具有燃烧速度快、燃烧界限宽、比热值小、淬熄长度长等特点，天然气中掺入氢气可以改变天然气的燃烧特性。随着天然气加氢技术逐步成熟，该产业应用越发广泛（图 4-1）。

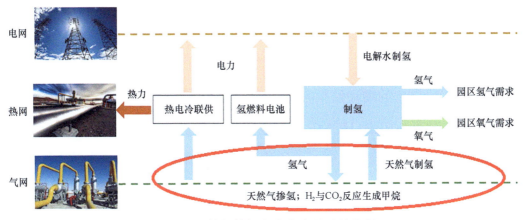

图 4-1 天然气掺氢在产业中处于的位置

4.2.1 产业发展现状分析

天然气管网掺氢作为氢气运输的一种潜在的重要发展方向，是国内外当前聚焦的重点之一。当前，终端用户有两种，一是作为化工原料，用于化工合成、催化燃料等工业用户；二是作为城镇燃气（工厂或者民用气燃料），掺氢天然气可被直接利用，或者将氢与天然气分离后分别单独使用[30-32]。

4.2.1.1 国外产业发展现状

现如今，世界各地已有多个天然气管网掺氢项目的应用。根据国际能源署数据显示，截至 2018 年底，全球有 37 个天然气管网掺氢的示范项目，加拿大、美国、意大利、荷兰、英国等国家在天然气管网掺氢方面进行了大量的示范和实践，主要包括通过天然气配送管网掺氢为家庭和企业供热的可行性，测试天然气网络掺氢比例对天然气输配关键设备、材料、终端设备的影响，掺氢天然气地下储存的技术和监测要求等。

欧盟 NATURALHY 项目，完成于 2009 年 10 月 31 日。该项目大范围实验研究了工业用和家用加氢天然气的气体溢出和爆炸行为，评估了加氢量的影响，实验表明从产生气体积聚的本性来看，混氢天然气 HCNG 建筑内的溢出特性和天然气类似。但是，气体的浓度和聚集的体积随着氢气的添加而增加，不过 50% 以内的增加值很轻微；室内爆炸的严重性会随着氢气的增加而加重，但是对于 20% 的 HCNG 来说危害的加重微乎其微。图 4-2 显示由于天然气中加入了氢气，CO_2 和 CO 的排放量减少。

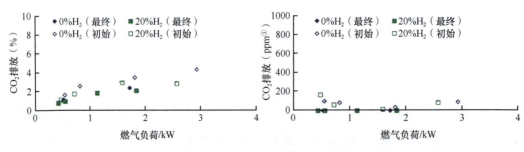

图 4-2　氢气含量对排放的影响
灶炉排放测试（不同气环的初始和最终情况测试）

2008～2011 年，在荷兰的 Ameland（阿默兰岛）开展了有关将风电氢掺入当地天然气管网的研究，其中 2010 年年均氢气掺入体积分数高达

---

① 1ppm=1×10^{-6}。

12%。在德国的 Falkenhagen，一个具有 2MW 电转氢能力的示范电厂于 2013 年完全服役，制取的氢气被直接送入天然气管线。法国环境与能源控制署（ADEME）赞助的"GRHYD"项目则将可再生能源制得的氢气掺入天然气中供加氢站和居民使用，掺氢体积分数最高将达 20%。HyDeploy 实验室测试表明，所测试的各种家用电器都能在氢气摩尔分数高达 28.4 ％的情况下安全运行。

政策方面，目前欧洲各大机构和组织纷纷推进天然气掺氢标准研究工作，这些组织主要有 HyReady、HIPS-Net、欧盟委员会、欧洲燃料电池和氢能联合组织和德国天然气协会。此外，日本 2019 年发布《氢·燃料电池技术开发战略》提到利用 power-to-gas（电转气）将氢气注入天然气管网，作为下游利用。

4.2.1.2　国内产业发展现状

天然气混合氢气一直是国内外氢气运输和规模化利用的重要研究方向，对促进我国氢能产业发展具有更为重要的意义。我国氢能产业起步相对较晚，人们对天然气掺氢问题进行大量探索研究，但对于管道材料与掺氢比例、氢对燃气管道的影响、末端设备对于掺氢燃气的适用性等关键性问题尚未有定论，国内对于天然气管网掺氢的研究刚刚起步，并不成系统，尚处于摸索阶段。

中海油委托北京科技大学进行了氢气腐蚀天然气管网的模拟实验。研究表明，氢气含量为 16.7%、12MPa 输气压力工况下，使用 X70 钢不会产生氢腐蚀，X70 钢机械性能不会发生显著下降，在此工况下 X70 钢是可以安全使用的。

2019 年 9 月 30 日，国家电投 2019 年重点项目——"朝阳可再生能源掺氢示范"项目第一阶段工程圆满完工。该项目是国内首个电解制氢掺入天然气项目，通过验证电力制氢和氢气流量随动定比掺混、天然气管道材料与氢气相容性分析、掺氢天然气多元化应用等技术的成熟性、可靠性和稳定性，达到全面验证示范氢气"制取-储运-掺混-综合利用"产业链关键技术的目的，打破国外技术垄断，填补国内天然气管道掺氢规范和标准的空白，促进相关产业体系升级。

2020 年 12 月，国家电投集团中央研究院参与的"天然气掺氢关键技术研发及应用示范"项目在张家口市召开启动会，该项目所产氢气经纯化后分三路向外输送，其中一路将与张家口市政燃气管网掺混，应用于民用灶具及 HCNG 汽车。据悉，该项目预计每年可向张家口市区输送氢气 440 万 m^3，使天然气用量每年减少 158 万 m^3，碳排放每年减少 3200t。

政策方面，吉林省白城市和四川省成都市在发布的相关能源规划政策中均提出要探索和发展天然气管道掺氢技术。

4.2.2 竞争力分析

竞争力包括两个方面，一是单位运输成本，二是能承载的容量。目前，运氢方式主要有：气氢拖车运输、气氢管道运输和液氢罐车运输，单位运输成本分析如下。

气氢拖车运输技术成熟，是国内最普遍的运氢方式，但运输效率仅为 1% ~ 2%，适用于小规模、200km 内的短途运输。若国内运输压力标准由 20MPa 提升至 50MPa，100km 的运输成本可降至 5.60 元/kg。

气氢管道运输适合大规模、长距离运氢，但初始投资较大，每公里管道投资额 584 万元，运输距离 100km 时，管道运输成本仅为 1.20 元/kg，在三种方式中成本最低。但其成本受运能利用率影响，当运能利用率低于 20% 时将不具备成本优势。

液氢槽车运输效率高，同样适用于大规模、长距离运氢，与管道运输相比灵活性更高。一台液氢槽车的投资额为 50 万美元。由于液化成本占总成本的 60% ～ 70%，因此距离变化对成本影响不明显。运输距离为 100km时，液氢罐车的运输成本为 13.57 元/kg，距离增加至 500km 时成本为14.01 元/kg。虽然国外应用广泛，国内由于缺乏民用标准，该方法仅少部分应用于航天领域。标准完善后该方法将成为长途运输的主力之一。

此外，从可承载容量来看，世界上现已建成数量庞大的天然气管道，其运输和承载能力巨大，将电能转换为氢能，进而掺混到现有的天然气管网中能承载存储相当大容量的能量。以德国为例，德国天然气的年消耗当量约为 1×10^3TWh，相当于电能消耗量的两倍。如果把相当于每年天然气消耗总流量 10% 的氢气混入天然气管网当中，能提供能量当量为 30 TWh，而德国利用水电站装置储能时，每个循环周期的总能输出也仅仅为 0.04 TWh。如果向一个输送能力约为 1×10^6m^3/h 的中型天然气管网中掺混 10%（即 1×10^5m^3/h）的氢气，其容纳量相当于几个大型风力发电厂在最大输出功率下同时工作的产能量。

4.2.3　产业发展存在的问题

一是安全存在隐患。目前制约天然气管道掺氢发展的主要瓶颈还是安全问题，主要休现在以下四个方面，①氢气与天然气（主要成分为 85% 甲烷、9% 乙烷、3% 丙烷、2% 氮和 1% 丁烷）的理化性质差别巨大；②氢气对金属材料有劣化作用；③氢气和天然气在流经管道和燃烧的方式上存在差异，这可能对可加入天然气的体积施加限制，其确切体积取决于管道材料和气体压力，而且当引入氢气时，在给定长度的管道中储存的能量将较低；④天然气管道输送本身具有危险性，混合输送的风险因素包括管道和焊缝的状况、钢的等级及厚度、焊缝类型和工作压力。

二是公众认知程度较低。世界上大部分国家对氢的认知程度均较低，氢被用于家庭供暖，关于安全、成本和性能的问题才刚刚开始被理解，因此加强对氢这种清洁能源的知识普及和客观宣传至关重要。

三是掺氢比例存在诸多限制。大多数国家和地区设置掺氢比例不超过2%，少数国家和地区设定为4%～6%，德国虽然规定上限为10%，但如果压缩天然气加气站连接到网络，则该比例大幅下调到2%以下（图4-3）。

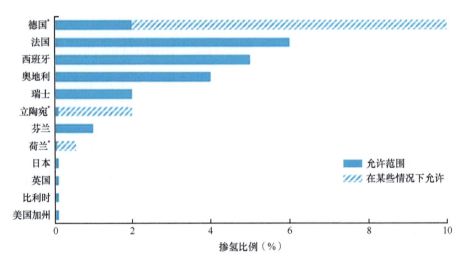

图4-3　部分国家和地区允许的最大掺氢比例（来源：IEA）

* 表示在特定情况下允许

在一些相关设备的规格方面也存在限制，掺氢上限取决于与其相连的设备，管网范围越大，设备越多，对掺氢上限的要求将越严格。例如，现有燃气轮机的控制系统和密封无法适应高比例的氢气，掺氢比例需低于5%。已安装的燃气发动机因相同原因，氢的最大浓度为2%。欧洲标准规定燃气轮机所供天然气的氢含量必须低于1%（图4-4）。

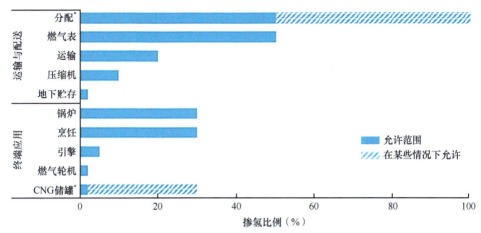

图 4-4　天然气价值链各环节允许的最大掺氢比例（来源：IEA）

＊表示在特定情况下允许

四是掺氢将降低天然气网络输送量。氢的能量密度低，大约是天然气的1/3，保持相同压力下，掺氢会降低输送气体的能量含量。IEA 数据显示，在天然气输送管道中加入 3% 的氢气，将使管道输送的能量减少 2% 左右，最终用户天然气需求量有所上升。

五是规范适用性问题。目前国内外均没有含氢天然气管道的设计与施工验收规范，同时还需考虑地方政府、安全、环保等验收的问题。且由于国内外现有的氢气对管道输送和使用的影响研究仍不够全面，所以必须对可能影响工程安全因素的所有风险进行评估，做到具体问题具体分析。

4.2.4　发展趋势展望

1. 天然气掺氢可带动氢气消纳和设备投资降低

按照中国氢能联盟预测的 2025 年 5 万辆氢燃料用车规模估算，年用氢量不到 20 万 t。而据 IEA 测算，2018 年全球天然气需求达 3.9 万亿 m^3，其中掺氢 3%（体积分数）就可拉动 1200 万 t 氢气消纳，若氢气主要来自电解槽，电解槽装机容量需求可达 100GW，这会使电解槽投资成本降低 50%，有效降低低碳氢气制备成本，而掺氢的成本仅会略微增加 0.3 ～ 0.4 美元/kg。

2. 掺氢天然气混烧应率先推广

在天然气终端消费分类中，城市燃气和工业用气占据七成以上，且呈现较快上升趋势，这为掺氢天然气直接混烧创造了有利条件。天然气掺氢仍是有效输送和利用氢气的重要方式，我国现阶段应集中力量开展研究和测试工作，同时提高多样化利用水平，在具备条件的地区率先开展天然气掺氢混烧领域的示范应用，有利于促进氢能规模消纳，推动氢能产业健康发展。

3. 天然气主干管道掺氢运输有待时日

我国天然气管网相对完善、里程广，为管网掺氢提供了应用空间。目前需要加快基础理论突破，推进示范项目建设。

一是基础理论突破方面，应加强管道材料与掺氢天然气的相容性试验，获得特定掺氢比例下材料的力学性能，建立材料力学性能数据库；充分考虑掺氢引起的泄漏速率加快、可燃范围增大及燃烧速率加快等影响，全面研究掺氢天然气的泄漏与燃烧爆炸问题，为管道的安全管理工作提供依据；依据所建立材料的性能数据库，测试现有天然气管道检测工具检测的效果和修复方式的效果，完善完整性管理工具，建立掺氢天然气管道输送的完整性管理系统；依据材料性能数据，评估利用现有天然气管道输送掺氢天然气的风险，为掺氢天然气管道安全输送提供依据。

二是示范项目方面，加快现有项目建设，在应用中发现问题，通过产学研相结合的方式解决问题；在管材选择上加强对氢脆现象的防护处理，加强对管道损伤、裂缝的探查和处理。对管道的焊缝要提出更高的要求，使其对氢脆现象有更强的防护能力。此外，未来主干管网在设计时应尽可能考虑未来输送掺氢天然气的需求，提高未来掺氢输送的可行性。

4.3　无人机用燃料电池的应用及发展趋势

燃料电池无人机是以燃料电池为动力的新能源无人机，其中使用最多的是质子交换膜燃料电池，它的反应温度适合无人机的工作环境，并且有较高的能量密度与功率密度。

燃料电池无人机比较适合用于采矿、农业、测量和监测、安全和应急服务等部门。此外，长航时无人机还特别适合应用于边境巡逻、大面积森林水面巡查、长距离管道电力巡线、反恐空中中继等领域 [33-41]。

4.3.1　产业发展现状分析

4.3.1.1　国外发展现状

美国是燃料电池无人机科研和产业发展的先驱。加利福尼亚大学、佐治亚理工学院、俄克拉荷马州立大学、密西根大学在燃料电池无人机的研发、设计和测试方面进行了大量的工作（表 4-3）。

表 4-3　美国燃料电池无人机前期研究情况

大学	燃料电池类型	燃料电池厂商	翼展（m）	重量（kg）	输出功率（kW）	飞行时间（h）
加利福尼业大学	PEMFC	Horizon	5.5	9	550	3～4
加利福尼亚大学和俄克拉荷马州立大学	PEMFC	Horizon	4.4	5	150	12
佐治亚理工学院	PEMFC	BCS	6.58	16.4	500	0.75
密西根大学	SOFC	AMI	1.524	5.3		10

美国海军研究实验室和佐治亚理工学院合作，制造了燃料电池无人机"离子虎"（图 4-5）。美国海军研究实验室在离子虎无人机的基础上进行了 XFC 型号的新型长航时燃料电池无人机的研发工作。"全球观察者"（Global Observer）为美国最新型无人侦察机，由美国航空环境公司制造，使用液化氢燃料，最长飞行时间可达一周（图 4-6）。

图 4-5　美国"离子虎"无人机

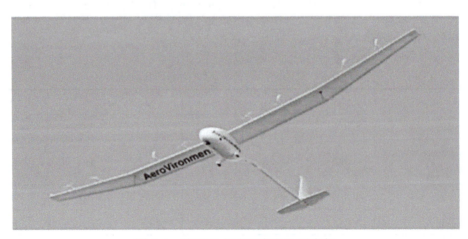

图 4-6　美国"全球观察者"无人机

4.3.1.2　国内发展现状

国内燃料电池无人机方面研发也并未滞后。同济大学于 2012 年研制完成了我国第一架纯燃料电池无人机"飞跃一号"（图 4-7），并在上海市奉贤区首次试飞成功，续航时间 2h。它以一个 1000W 的质子交换膜燃料电池（PEMFC）为动力，有效载荷 1kg。同年，由辽宁通用航空研究院研制，我国第一架由全碳纤维复合材料制作、氢燃料电池作为主要动力、锂电池作为辅助动力的无人试验机"雷鸟"（LN60F）首飞成功（图 4-8）。

图 4-7　"飞跃一号"无人机

图 4-8　"雷鸟"无人机

科比特航空科技（广东）有限公司研制的 HYDrone1550 燃料电池动力系统为该公司自主研发的新一代 H1-FuelCell 动力系统，它的设计飞行时长为 2.5 ～ 4h，工作温度为–10 ～ 40℃，充氢时间为 30 ～ 40min，比锂电池的无人机充电快得多（图 4-9）。2016 年进行了试飞实验，续航时间达到了273min，是当前世界电动多旋翼无人机最长航时保持者，该无人机可用于电力、石化、消防等方面。表 4-4 展示了各国研发燃料电池无人机的现状及无人机的特点。

图 4-9　科比特燃料电池无人机

表 4-4　各国研发燃料电池无人机的现状及无人机的特点

所属部门	飞机	电池	燃料	翼展（m）	载荷（kg）	最大功率（W）	航时（h）	年份
美国航空环境公司	全球观察者	PEMFC	液氢	15-24			24	2005
美国海军研究实验室	离子虎	PEMFC	氢气	2.2	3.1	115	3.3	2005
AMI（美商安迈有限公司）		SOFC	丙烷			60	4.3	2006
佐治亚理工学院		PEMFC	氢气	6.58	16.4	550	0.75	2006
韩国科学技术院		PEMFC	硼氢化钠	1.2	2		10	2007
波音公司	Dimona	PEMFC	氢气	16.3	841		0.5	2008
美国海军研究实验室	XFC	PEMFC					6	2009

续表

所属部门	飞机	电池	燃料	翼展 （m）	载荷 （kg）	最大功率 （W）	航时 （h）	年份
美国海军研究实验室	离子虎	PEMFC	氢气			500	24	2009
美国海军研究实验室	离子虎	PEMFC	液氢				48	2013
蓝鸟公司	徘徊者						10	2014
美国海军研究实验室	离子虎	PEMFC				5000		2016
同济大学	飞跃一号	PEMFC	氢气	5	1	1000	2	2012
辽宁通用航空研究院	雷鸟							2012
科比特航空科技 （广东）有限公司	HYDrone	PEMFC	氢气				4	2016

4.3.1.3　国内外燃料电池无人机企业情况

基于市场需求及企业战略的双重考量，国内外不少厂商都已经在进行氢动力无人机的研发或合作布局。国内一些燃料电池企业已经在无人机领域取得一定成绩，同时国外厂商也陆续进入中国。国外代表企业有：英国英泰力能（Intelligent Energy）、韩国斗山集团斗山摩拜创新、新加坡 Spectronik（简称斯贝电科）（表4-5）。国内代表企业有：科比特航空科技（广东）有限公司（简称科比特航空）、优雷特（银川）航空技术有限公司（简称优雷特）、新研氢能源科技有限公司（简称新研氢能）、江苏清能新能源技术股份有限公司（简称清能股份）、东莞众创新能源科技有限公司（简称众创新能）、武汉众宇动力系统科技有限公司（简称众宇动力）等（表4-6）。

表 4-5　国外燃料电池无人机企业情况

公司名称	成立时间	位置	研究方向	发展现状
英国英泰力能 （Intelligent Energy）	1988 年	英国	开发高效清洁的氢燃料电池动力系统	其产品可用于汽车、固定电源和无人机等一系列领域，总部位于英国，并在美国、日本、印度和中国开展业务

续表

公司名称	成立时间	位置	研究方向	发展现状
韩国斗山集团	1896 年	韩国	其在 2016 年设立的全资子公司斗山摩拜创新致力于开发便携式燃料电池系统	开发的首款燃料电池系统应用于工业级无人机，为工业级无人机提供可靠的长距离飞行解决方案
斯贝电科	2011 年	新加坡	使用成熟的技术和先进的科技，研发并生产体积最小、重量最轻、性能最高的氢燃料电池动力系统	斯贝电科自主设计并开发闭合阴极空冷氢燃料电堆，可运用于不同环境下的工业、军事、航天、公安、交通、安全、科研等行业。该公司的氢燃料无人机飞行时间已累计超过 160h（从 2017 年至今）

表 4-6 国内燃料电池无人机企业情况

公司名称	成立时间	研究方向	发展现状
科比特航空	2009 年	专业从事工业级无人机系统研发、制造、销售和服务的高新技术	科比特无人机致力于成为工业级无人机的主导品牌。科比特航空目前已具备氢燃料电池应用的自主研发能力和无人机整合能力
优雷特	2016 年	借助自主研发专利技术，凭借相关专利研发生产了多款无人机产品	优雷特无人机已在智慧城市空中信息收集、环保取证、灾害救援、森林防火、管线检测、电力巡检等领域得到广泛应用
新研氢能	2017 年	专注金属极板设计及电堆研发和燃料电池系统控制集成和测试	2018 年入选中关村首批高精尖培育项目"氢燃料电池多旋翼无人机产业化"，并攻克了 0.1mm 金属板材超深流道的加工制备工艺和技术，开发出功率密度高、重量轻、体积小、性能优的 2kW 级金属板燃料电池空冷电堆和系统，及其高力效的六旋翼无人机
清能股份	2003 年	燃料电池核心技术研发和产品商业化	具备量产燃料电池核心材料、电堆及系统的完整技术平台，公司无人机燃料电池系统已多年用于美国国家航空航天局、波音公司等公司合作项目
众创新能	2017 年	氢燃料电池动力系统，氢燃料电池堆及核心部件（膜电极、双极板）的研发、生产和销售	为国内多家无人机企业提供燃料电池动力系统及 ZCAA 系列超轻型风冷燃料电池堆产品
众宇动力	2011 年	氢燃料电池系统及氢能相关技术开发	目前公司在无人机动力系统和车用动力系统两个领域提供产品与服务，主要产品包括水冷、风冷电堆技术平台及氢燃料电池备用电源系统

4.3.2　竞争力分析

动力系统是无人机的"心脏"，动力技术的进步对无人机的未来发展至关重要。国外无人机电源基本上以混合体系居多，比如太阳能+锂离子电池或锂硫电池或燃料电池、发动机+蓄电池等，而小无人机则以单独锂离子电池或燃料电池居多。

以下通过燃料电池无人机与锂电池无人机、内燃机无人机在续航、环保和安全三个方面的对比，进行了燃料电池无人机的竞争力分析。

（1）续航。燃料电池最长纪录续航 48h，生命周期内性能衰减小，氢气加注时间短；内燃机目前可以续航 60h 以上，生命周期内性能不会衰减，燃油加注时间短；锂电池在小于 2h 续航时间以内具有优势，但是优化空间很小，目前锂电池无人机续航时间不超过 3h，生命周期内性能衰减较大，充电时间长。

（2）环保。燃料电池只排放纯净水，从生产、使用到回收都不会产生任何污染，电转换效率达到 45%。内燃机排放二氧化硫、氮氧化物、一氧化碳、粉尘等有害物质，污染环境，受卡诺循环限制，效率低，小型内燃机效率不足 10%，油动的震动噪声较大；锂电池使用过程中零排放，生产和报废时会产生污染，需要企业进行严格管控生产环节并回收废旧电池，充电的电源效率跟内燃机一样，效率较低。

（3）安全。燃料电池中燃料氢气是最轻、逃逸性最强的燃料，很难聚集；燃料电池工作的整个过程中，温度在 80℃ 以下，没有燃烧过程；海拔 3000m以下，对燃料电池性能影响微乎其微。内燃机技术成熟、安全，受海拔因素影响较大，会导致输出不足，严重时会出现熄火，且没有重新启动的可能；氢燃料电池装载的无人机启动时，需要人在螺旋桨旁边调试，容易出现危险。

锂电池危险性较高，锂的活性非常高，而且电池内部已经存在其燃烧或者爆炸所需要的所有物质，可以不依赖氧气燃烧，稍微管理不善可能就会出现问题。

目前来看，锂电池和氢燃料电池存在着技术竞争。锂电池技术发展相对成熟，但是在高比能量技术、宽温度范围大功率技术、电源管理技术、高安全可靠性技术等四个方面还存在技术挑战。

4.3.3 产业发展存在的问题

国外燃料电池无人机项目开展得较早，已经试飞了多型燃料电池无人机，而国内起步较晚，但也进行了燃料电池无人机的试飞与应用，目前看存在的问题有：

（1）功率密度低。目前的燃料电池多为汽车设计，没有考虑质量因素，功率密度较小，对应用于无人机的燃料电池，应减小燃料电池的结构质量，使其有更大的功率密度，同时改善其催化剂的性能，以提高燃料电池使用的寿命、改善燃料电池动态响应特性并降低使用成本。

（2）储氢密度低。燃料电池无人机携带的氢气量直接决定了无人机的续航时间。高压气态储氢是目前最为常用的储氢方案，有着技术成熟、设备结构简单、成本低的优点，但是其最大的问题是高压气态储氢的单位质量储氢密度低，单位质量储氢密度仅为1%～3%（质量分数），因此对无人机的续航造成了极大的挑战。

（3）安全性有待提高。当前燃料电池无人机所用的燃料电池大多数为质子交换膜型燃料电池，这种系统的储氢装置在高空低气压条件下比较容易发生氢泄漏，并在密封的机体中进行累积，导致诸多直接与间接的安全问题。

4.3.4　发展趋势展望

近二十年来，氢燃料电池无人机已经由新概念探索、关键技术攻关，正在迅速地向实用化、工程化迈进。相关的核心技术，如总体设计技术、轻量化能源技术、能源管理与控制技术等已经取得了突破性进展，相关的设计与验证的地面仿真平台和空中飞行平台已经逐渐形成。未来无人机的发展主要有三个方向：

一是发展较高功率密度的燃料电池。燃料电池系统的功率密度比较低，在航空领域的应用，需要大幅度提高功率密度，这样在同其他种类电池竞争中，才能脱颖而出。

二是发展较宽的工作温度范围的燃料电池。无人机按业务种类不同，其航行高度从几千米至几万米不等，小型无人侦察机或民用无人机飞行高度为 $3 \sim 6km$ 不等，而新型的无人战斗机或者轰炸机飞行高度均在 10km 以上，由于大气层温度以每 1km 海拔 0.6℃ 的梯度降低，在 10km 高空，空气温度降至 -40℃，因此需要发展较宽工作温度的燃料电池，适应不同工作条件的要求。

三是提高燃料电池的安全性及使用寿命。燃料电池系统非常复杂，而飞机的安全性是航空业的基础性要求。提高燃料电池的使用寿命，也会使总成本下降。

此外，燃料电池无人机是一种新概念飞机，发展前景广，涉及领域多，关键技术在航空领域研究得较少，燃料电池无人机的研制不仅是对自身问题的解决，也会带动相关领域技术的研究。燃料电池应用于无人机之后，会发生无人机应用场景上的量变。航时的增加，将改变无人机的工作特性，成就更多的可能性，如带动无人机其他单元的创新、加强无人机服务的创新、打开未知的无人机市场等。

4.4 深海潜水器用燃料电池的应用及发展趋势

深海潜水器作为海洋资源探查和开发利用不可或缺的手段,其技术水平在一定程度上标志着国家海洋资源勘探开发甚至海洋权益维护能力和科技水平,也是制约我国开拓深海和大洋的关键所在。

当前,深海潜水器按照控制方式分为载人深潜器(简称 HOV)和无人深潜器(简称 UUV),无人深潜器又分为缆控无人深潜器(简称 ROV)和无缆自治深潜器(简称 AUV)。动力源是潜水器的心脏,是衡量水下潜水器尤其是深海潜水器优越性的重要指标之一。因此选择什么样的动力源对于深海潜水器至关重要。

4.4.1 产业发展现状分析

4.4.1.1 深海潜水器动力电池基本情况

目前深海潜水器所用到的电池主要为铅酸电池、锌银电池及锂离子电池[35]。燃料电池以其比能量较高、操作简单、价格适中等一系列优点越来越受到人们的重视。UUV 目前使用的动力源多数为锂离子电池。作为 UUV 的一种,AUV 是各国大力发展的方向。为了满足 AUV 长航程和高续航力的要求,各类电池都曾被装载在 AUV 上进行试验和应用,部分具有代表性的应用如表 4-7 所示。

表 4-7 AUV 动力电池的比较

AUV 名称	电池类型	动力参数及续航情况
STDV	铅酸	最大速度 10kn,续航 5h
AUSS	锌银	最大速度 6kn,续航 10h

AUV 名称	电池类型	动力参数及续航情况
CR-02	锌银	最大速度 2.3kn，续航 25h
Bluefin-21	锂离子	最大速度 4.5kn，在 3kn 以下续航 25h
ALISTER-3000	锂离子	最大速度 6kn，在 4kn 以下续航 10h
HUGIN1000	锂离子	最大速度 4kn，续航 24h
Deep C	PEMFC	最大速度 4kn，续航 60h
HUGIN3000	Al/HP	最大速度 4kn，续航 60h
Urashima	PEMFC	以 3kn 的速度航行 300km

从表 4-7 可以看出，铅酸电池、锌银电池等传统电池已经较难满足 AUV 的续航要求，锂电池、燃料电池等将成为 AUV 主流电源。未来 AUV 对动力电池的要求是：①能量密度更高，结构更紧凑，以适应 AUV 内部有限的空间；②续航能力更强，能较好地满足任务需求；③具有更高的比功率和容量；④安全性好，可靠性高，免维修或少维修；⑤易于拆卸，便于充电。

4.4.1.2　燃料电池深海潜水器发展现状

燃料电池最初就是为潜艇使用的数千瓦级能源而开发的。20 世纪 80 年代初，Simens 公司开始研究质子交换膜燃料电池（PEMFC）作电源的 AIP（air independent propulsion），（不依赖空气动力装置）潜艇。此外，美国的 Manta、海马和日本 Urashima、德国的 Deep C 均使用了质子交换膜燃料电池[36]。

目前进入了实用阶段的 AIP 技术可分为热机系统、电化学系统和小堆系统三大类，其中热机系统包括斯特林发动机（SE/AIP）、闭式循环柴油机（CCD/AIP）、闭式循环涡轮机（MESMA/AIP）等形式；电化学系统以燃料电池（FC/AIP）形式为主；小堆系统是基于低功率核动力装置（LLNP/AIP）

的动力系统。

德国212A型和214型是燃料电池AIP潜艇的代表作。212A燃料电池AIP系统包括9个34kW燃料电池模块、液氧储罐、储氢合金罐等，总输出功率达306kW。214型潜艇装备了2组质子交换膜燃料电池单元，总输出功率240kW。氢源也采用了金属储氢方案，4节水下续航力为1324n mile[①]。

4.4.2 竞争力分析

当前各国AIP技术仍是以斯特林发动机和燃料电池为主要潮流。对于热机系统的AIP而言，他们的共同点是均需要燃料的燃烧和机械的传动，无法避免热辐射和机械噪声的产生，且热机系统的最高效率受卡诺循环的限制，最高效率不会超过50%。此外，高耗氧量和废气的处理也是制约热机系统AIP综合性能的一个重要原因。闭式循环汽轮机虽然利用一种分裂气泡的系统使二氧化碳气泡尽量变小，降低了废气排放的噪声，但是多回路结构设计占据了潜艇大量的重量和空间，所以应用前景不大。小堆AIP潜艇不需要消耗氧气，续航力和水下航速相对使用常规碳氢燃料的非核潜艇有了较大的提升，但小堆LLNP/AIP设备造价昂贵，使用复杂，维护费用相对较高，小堆AIP潜艇的技术参数和战斗性能与常规核动力潜艇还有很大差距，因此LLNP/AIP技术仍无法成为主流发展方向。

燃料电池AIP系统具有其他AIP系统无法比拟的技术优势：

（1）效率高：燃料电池直接将贮存在燃料与氧化剂中的化学能转换为电能，能量转换不受卡诺循环限制，转换效率达70%以上，远高于其他内燃机的效率。

---

① 1n mile=1.852km。

（2）无尾流特征：燃料电池 AIP 系统以氢气为燃料，反应产物只有水，该系统是目前唯一不需要考虑废气排放的 AIP 系统。热机 AIP 系统通常以专用低硫柴油为燃料，燃烧产物包括 CO、CO_2 等废气，当潜艇在较浅深度航行时，尾流特征明显，导致潜艇的隐蔽性降低。

（3）隐身性好：燃料电池系统本身不存在任何运动部件，因此几乎不产生机械振动与噪声。声特征信号极低，综合隐身性好。在通常作战条件下，几乎无法被探测到，是名副其实的安静型常规潜艇。

（4）工作潜深大：燃料电池 AIP 系统不需要排放废气，因而其工作深度不受潜艇潜深影响，装备燃料电池 AIP 系统的常规潜艇潜深可达 500m 以上，而热机 AIP 系统的有效工作深度目前不超过 300m。

（5）电堆模块化设计：燃料电池 AIP 系统中的燃料电池电堆采用模块化设计技术，具有体积小、结构紧凑、安装维护方便等特点。在潜艇内部可进行分布式或集中式布置，并能根据系统功率输出要求及重量分配均衡和空间有效利用原则灵活地进行模块化组装。

此外，与其他 AIP 系统相比，燃料电池 AIP 系统还具有体积小、输出功率平稳、无机械振动、过载能力强等特点，在水下深潜器、水下不间断电源等领域具有重要的应用前景。因此 FC/AIP 技术未来具有良好的发展前景。表 4-8 为不同 AIP 系统主要性能的比较。

表 4-8　不同 AIP 系统主要性能比较

项目	AIP 系统				
	SE/AIP	FC/AIP	CCD/AIP	MESMA/AIP	LLNP/AIP
总功率（kW）	120～260	240～300	250	400	400～600
耗氧量（g/kWh）	950	450～540	822	850	0
应用成熟度	装备数量较多	装备数量较多	演示验证	装备较少	演示验证

续表

项目	AIP 系统				
	SE/AIP	FC/AIP	CCD/AIP	MESMA/AIP	LLNP/AIP
主要优点	技术成熟，振动噪声低，造价运行维修费用低	转换效率高，无机械运动噪声，热辐射小	技术成熟，单机功率大	排放设备简单，废气排放噪声低，总功率大	水下航速和续航力大，安全性能好，无须消耗燃油和氧气
主要缺点	外燃式发动机瞬间提速或减速能力差，机械噪声高	储氢工艺复杂，功率密度低，系统寿命短，造价高	噪声大，废气处理系统复杂庞大，系统效率低	热交换器、汽轮机体积和质量过大，噪声高	效率低，热辐射信号强，所需耐压壳体容积大

4.4.3 产业发展存在的问题

虽然燃料电池作为深海潜器的动力源有着诸多优点，但是仍然存在着很多问题，主要包括燃料电池系统复杂、存在安全隐患、成本高昂、支持力度低以及行业管理不规范等问题。

（1）燃料电池系统整体比能量低。

燃料电池系统十分复杂，除了电池组外，还必须有氢气储存和输送系统、氧气储存和输送系统、控制管理系统等，这将导致整个系统的比能量较低。

（2）氢气储存系统存在安全风险。

氢气储存系统目前主要形式是高压气态储氢，氢气活性高、易扩散，而且对金属腐蚀作用强，这将导致采用燃料电池系统的深海潜器有着氢气泄漏的风险，而且氢气爆炸极限较宽，在密闭空间遇到明火极其容易爆炸，在深海由于扩散空间有限，因此爆炸风险极高。

（3）燃料电池系统整体成本较高。

对于整个燃料电池动力系统，除了燃料氢本身成本高之外，燃料电池所用的膜电极、催化剂等成本高昂，辅助系统如氢气循环泵、空压气等成本也居高不下，成本因素是限制燃料电池作为深海潜器应用的一个主要障碍。

（4）经费支持不够。

在多数深潜装备的使用上，各个国家给予的后续经费保障较少。对于我国来说，目前国内大型深潜装备使用和管理均没有固定的业务运行经费，仅有的项目支持在年度安排和经费量上存在较大的随机性。由于大型深潜装备的设计使用寿命较长（如蛟龙号设计寿命为 30 年），同时需要定期的维护和部件更新，加上使用操作团队的维持，费用较一般的小型设备高很多，因此拥有单位在真正使用装备时面临很大经费困难。

（5）管理机制尚不健全。

对于我国来讲，现有大型深潜装备均分散在不同的应用部门和研制单位，受部门条块分割和其他因素的限制和影响，缺乏机制保障，开放共享面临诸多困难，导致深潜装备使用率低、任务不饱满。

4.4.4　发展趋势展望

瑞典和德国在 AIP 潜艇技术水平和研制数量上处于世界领先地位，SE/AIP 和 FC/AIP 是目前技术最为成熟、潜艇装备数最多的方案。近年来 FC/AIP 潜艇受到越来越多国家的关注，列装数量也明显增多，FC/AIP 潜艇将会成为未来常规潜艇的一个重要发展方向。

从世界 AIP 技术的发展现状而言，各种 AIP 技术各有优点，也均有其不足，各国根据本国的国情、潜艇技术发展战略和技术储备状况选择了适合本国国情的 AIP 技术。

高能量密度、长续航能力、安全可靠的动力来源是未来深海潜器动力电池的发展方向。根据目前现有的动力电池技术特点和应用情况，将锂电池和燃料电池两种不同特性的电池组合为混合动力系统，利用两种电池的优势进行互补,将这种混合动力系统作为深海潜器的动力源是未来短期内的有效手段。

4.5 氢能及燃料电池在其他领域发展路线图

1. 氢冶金,是比较理想的碳源头减量的钢铁清洁生产技术路径

随着碳达峰碳中和目标的提出,作为碳交易市场的主要目标产业和核心参与者,钢铁产业和钢铁企业低碳转型势在必行。在此进程中,以氢冶金工艺全部或部分代替传统以碳为主的冶金工艺,能够从根本上解决现有冶金工艺的能源结构和排放,是当前钢铁行业低碳发展、能源变革的重要方向。其中,对比传统"高炉-转炉"钢铁长流程,氢为主要还原剂的氢冶金短流程不仅可以加速钢铁短流程取代钢铁长流程的进程,实现超低碳或无碳排放,而且可以实现产品的高纯净度,其产品是生产各种高温合金、耐热合金、精密合金等航空航天、军工和民用等高端、高附加值材料的基材。

2. 天然气管网掺氢,是解决大规模可再生能源消纳问题的途径之一

通过大规模风电、光伏制氢,并将氢以一定比例掺入天然气,利用现有的天然气管网进行输送,掺氢天然气可被直接利用,或者将氢与天然气分离后分别单独使用,被认为是解决大规模风电消纳问题的有效途径和实现氢较低成本远距离输送的方法。考虑到各国天然气成分、管道工况、管道材料存在一定的差别,需结合我国实际情况针对掺氢天然气的安全问题开展研究。在借鉴国外泄漏燃烧等研究成果的基础上,开展我国管道材料与掺氢天然气的相容性试验,获得特定掺氢比例下,材料的力学性能,建立材料力学性能数据库;依据材料性能数据,针对我国具体情况,评估利用现有天然气管道

输送掺氢天然气的风险，为掺氢天然气管道安全输送提供依据。

3. 无人机，可实现 2h 以上的不间断续航，与锂电相比具有较强的竞争力

燃料电池无人机是以燃料电池为动力的新能源无人机，其中使用最多的是质子交换膜燃料电池，它的反应温度适合无人机的工作环境，并且有较高的能量密度。燃料电池在无人机领域的应用战略，是基于整个燃料电池技术发展程度，并结合无人机行业特色需求，来找到两者的结合点。无人机电源发展趋势及特征为低成本、高比能量、宽温度范围、大功率、不规则形状、高安全性、高性能控制器、混合能源等。无人机电源难点在于高比能量与低温大功率兼顾、低温容量保持率、热管理、控制器集成化、供配电智能化、小型化、轻型化、高安全可靠性等。

4. 发展路线图

当前氢能及氢燃料电池在钢铁冶金、天然气管网掺氢、无人机用燃料电池、深海潜器等多个领域有着广泛的应用和巨大的发展潜力，综合对各个领域的分析，制作氢能及燃料电池在其他领域发展路线如表 4-9 所示。

表 4-9　氢能及燃料电池在其他领域发展路线

发展方向	类型	2020 ～ 2035 年	2036 ～ 2050 年
钢铁冶金行业	需求分析	将氢气代替煤炭作为高炉的还原剂，以减少乃至完全避免钢铁生产中的二氧化碳排放是一种非常好的减排技术	
	目标	至 2035 年，富氢高炉碳减排达到 20%，氢冶金碳减排达到 50%，氢冶金熔融还原碳减排达 30%；至 2050 年，富氢高炉碳减排到 50%，氢冶金碳减排到 90%，氢冶金熔融还原碳减排达 60%	
	关键技术/重大装备	富氢还原高炉	氢冶金气基竖炉　　　氢冶金熔融还原

续表

发展方向	类型		2020～2035 年	2036～2050 年
钢铁冶金行业	重点任务	增加高炉氢气含量，强化还原效率	探索焦炉煤气、天然气与氢气混合气、纯氢竖炉技术	突破氢冶金熔融 CISP 工艺技术，实现设备和零部件的 100% 国产化
	示范工程	进行高炉喷吹氢气的示范推广，探索经济可行的工艺路线	推进富氢气基竖炉短流程示范工程	推进 10 万 t 级氢基熔融还原法高纯铸造生铁示范项目
天然气管网掺氢	需求分析	一方面，我国天然气需求持续上升，2019 年对外依存度高达 44%，氢气替代部分天然气燃烧提供热能和电能，有利于缓解天然气供应压力，提升我国能源安全水平；另一方面，若能充分利用现有"西气东输""川气东输"等逾 8 万 km 天然气主干管网和庞大的支线管网掺氢运输，不仅可低成本实现氢气大范围输运，更有力地促进西部可再生能源制氢的发展，为氢能产业提供绿色低廉的氢气，对实现我国能源结构转型意义重大		
	目标	我国现阶段应集中力量开展研究和测试工作，同时提高多样化利用水平，在具备条件的地区率先开展天然气掺氢混烧领域的示范应用，有利于促进氢能规模消纳，推动氢能产业健康发展		
	关键技术/重大装备	管道设备对氢气掺混适用性	电解制氢	天然气掺混氢气互换性研究
	重点任务	加强天然气管道材料研究，解决氢脆难题	重点研究电解制氢与天然气管道输送时流量、压力等适配性研究	重点研究掺氢天然气多元化应用的成熟性、可靠性和稳定性，掺混 50%
	示范工程	进行不同比例天然气管道的掺氢示范，通过示范研究适宜掺氢比例	进行电解制氢与天然气管道的制取、储运适配性示范	进行掺氢天然气在燃气式灶具及燃气轮机应用的示范
无人机用燃料电池	需求分析	燃料电池无人机比较适合用于采矿、农业、测量和监测、安全和应急服务等部门。此外，长航时无人机还特别适合应用于边境巡逻、大面积森林水面巡查、长距离管道电力巡线、反恐空中中继等领域		
	目标	2035 年燃料电池无人机续航里程达到 100h，在各个场景领域推广应用 1 万架；2050 年燃料电池无人机续航里程达到 500h，在各个场景领域推广应用 50 万架		
	关键技术/重大装备	燃料电池	储氢瓶	冷却模块

发展方向	类型		2020～2035 年	2036～2050 年
无人机用燃料电池	重点任务	增加燃料电池功率密度，降低动力系统体积及重量	提高储氢密度，降低储氢瓶体积和重量	开发体积小、重量轻、密封性好的无人机冷却模块
	示范工程	推进金属双极板燃料电池对石墨双极板燃料电池的替代，提高无人机燃料电池功率密度，提高无人机动力性能；推广四型瓶、五型瓶在无人机上的应用，降低储氢系统重量体积的同时增加无人机续航，推进冷却模块技术革新		
深海潜器	需求分析	高能量密度、长续航能力、安全可靠的动力来源是未来深海潜器动力电池的发展方向		
	目标	2035 年燃料电池深海潜器航行速度超过 10km/h，续航里程达到 500km；2050 年燃料电池深海潜器航行速度超过 50km/h，续航里程达到 1500km		
	关键技术/重大装备	大功率氢燃料电池系统	储氢瓶	动力系统模块
	重点任务	增加单个燃料电池单元功率密度，提升深海潜器总功率输出	实现四型瓶、五型瓶在深海潜器储氢系统的应用	实现深海潜器动力系统的模块化研究和设计，灵活配置动力，优化空间
	示范工程	推进大功率燃料电池在深海潜器上的示范应用，提高深海潜器作业运行动力性能	推进四型瓶在深海潜器的批量试验和应用，着实进行五型瓶在深海潜器应用的试验和小型示范	进行多套深海潜器动力模块系统的试验应用和示范，探索不同类型深海潜器的动力系统配置

第 5 章

氢储能系统的应用与发展趋势

5.1 氢储能和其他储能技术概述

储能是指通过一种介质或者设备，把一种能量形式用同一种或者转换成另一种能量形式存储起来，基于未来应用需要重新将能量释放出来的过程，储能技术主要包括抽水蓄能、压缩空气储能、飞轮储能、超导磁储能、超级电容器储能、钠硫电池储能、液流电池储能、锂离子电池储能、热储能、氢储能等，其中氢储能发展时间较短，属于新兴的储能方式[37]。

5.1.1 氢储能系统概述

氢储能的基本原理是当电能非常充足时将水电解得到氢气和氧气，将氢气储存起来，当未来需要电能时，再将储存的氢气通过不同方式（内燃机、燃料电池或其他方式）转换为电能输送上网。

氢储能是在德国等欧洲国家氢能综合利用后提出的新概念。"十二五"以前氢能方面的支持项目多以制氢、发电、储氢等过程单独资助，在"十三五"氢储能期间该概念列入国家电网公司规划，氢储能产业链条开始逐渐清晰。2021 年 7 月，《国家发展改革委 国家能源局关于加快推动新型储能发展的指导意见》（发改能源规〔2021〕1051 号）中提到以需求为导向，探索开展储氢、储热及其他创新储能技术的研究和示范应用，进一步明确了对氢储能技术研究的支持。

氢储能技术被认为是智能电网和可再生能源发电规模化发展的潜在支撑，逐渐成为多个国家能源科技创新和产业支持的焦点[38]。发展氢储能技术，重点是突破电、氢两种能量载体之间的高效转化、低成本大规模存储和综合高效利用等关键技术，解决新能源波动性制氢、电网与管网络互连互通和协调控制等关键技术，实现能源网络化大规模存储，实现高效率、低成本的储能技术规模化应用[39-41]。氢储能的劣势包括全周期效率较低、运行成本高等。

5.1.2　其他储能技术概述

（1）抽水蓄能使用两个不同水位的水库，谷负荷时，将下位水库中的水抽入上位水库；峰负荷时，利用反向水流发电。抽水储能电站的最大特点是储存能量大，可按任意容量建造，储存能量的释放时间可以从几小时到几天，其效率在 70%～85%；缺点是选址困难、建设周期长。

（2）压缩空气储能系统主要由两部分组成：一是充气压缩循环，二是排气膨胀循环。在夜间负荷低谷时段，电动机-发电机组作为电动机工作，驱动压缩机将空气压入空气储存库；白天负荷高峰时段，电动机-发电机组作为发电机工作，储存的压缩空气先经过回热器预热，再与燃料在燃烧室里混合燃烧后，进入膨胀系统中（如驱动燃气轮机）发电。

（3）飞轮储能利用电动机带动飞轮高速旋转，将电能转化成机械能储存起来，在需要时飞轮带动发电机发电。近年来，一些新技术和新材料的应用，使飞轮储能技术取得了突破性进展，大大增加了单位质量的动能储量；电力电子技术的飞速发展，使飞轮储存的能量交换更为灵活高效。因此，飞轮储能也被认为是近期最有竞争力的储能技术之一。

（4）超导磁储能是利用超导线圈由电网供电励磁而产生的磁场储存能量。如线圈维持超导态，则线圈中所储存的能量几乎可以无损耗地永久储存下去，直到需用时再使用。

（5）超级电容器根据电化学双电层理论研制而成，可提供强大的脉冲功率。充电时电荷将吸引周围电解质溶液中的异性离子，形成双电荷层，构成双电层超级电容器，电容量极大，可存储较多的电荷。

（6）钠硫电池以钠和硫分别作为负极和正极，目前研发的单体电池最大功率 120W 以上，可组合后形成模块直接用于储能。钠硫电池在国外已是发展相对成熟的储能电池，实际使用寿命可达 10 ～ 15 年。

（7）液流电池是正负极活性物质均为液态流体氧化还原电对的一种电池。液流电池主要包括溴化锌、氯化锌、多硫化钠溴和全钒液流电池等多种体系。其中，全钒液流电池已经成为液流电池的主流。

（8）热储能系统是指热能被储存在隔热容器的媒介中，需要的时候转化回电能，也可直接利用而不再转化回电能。热储能储存的热量可以很大，不足之处是热储能要各种高温化学热工质，应用场合比较受限。熔融盐储能技术是利用硝酸钠等原料作为传热介质，使光热发电系统具备储能和夜间发电能力，可满足电网调峰需要。

（9）锂离子电池是利用锂离子在正负极材料中嵌入和脱嵌，从而完成充放电过程的反应。锂离子电池已成为目前世界上大多数汽车企业的首选目标和主攻方向，并在储能电站中占据越来越重要的地位。

5.2　国内外储能市场的发展现状和趋势

5.2.1　世界储能市场发展现状和趋势

根据中关村储能产业技术联盟（China Energy Storage Alliance，CNESA）全球储能项目库的不完全统计，截至 2020 年底，全球已投运储能项目累计装机规模 191.1GW，同比增长 3.4%。其中，抽水蓄能累计装机规模最大，为 172.5GW（占比 90.3%），同比增长 0.9%；电化学储能累计装机规模紧随其后，为14.2GW（占比7.4%）（图5-1）；在各类电化学储能技术中，锂离子电池储能累计装机规模最大，为13.1GW，同比增长54.1%，发展速度非常迅猛，其中，氢储能装机0.02GW（占比0.01%），总体规模较小。

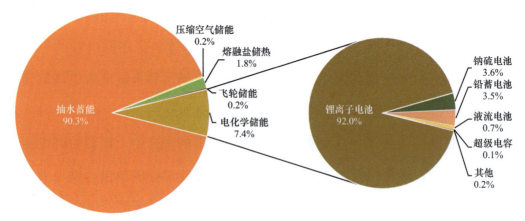

图 5-1　世界储能装机各技术分类占比
计算结果四舍五入，总占比≠100%

从地域来看，全球储能项目装机主要分布在美国、中国、日本、西班牙、德国、意大利、印度、法国、韩国、奥地利等国家，这10个国家储能项目累计装机容量占全球的80%左右。

美国、中国、日本分别位列全球储能项目装机的前三位，占比在50%左右，美国储能装机居全球首位。根据日本株式会社矢野经济研究所的研究，日本储能市场也将保持快速增长，2020年市场规模超过了3GW。中国的储能产业虽然起步较晚，但近几年发展速度令人瞩目，目前，国内储能侧重示范应用，积极探索不同场景、技术、规模和技术路线下的储能商业应用。根据中关村储能产业技术联盟全球储能项目库的统计，截至2020年底，中国已投运储能项目的累计装机规模为35.6GW，占全球规模的18.6%。

欧洲储能市场呈现出多元化发展态势。德国是欧洲储能装机比重最大的国家，虽然近两年储能市场的增长已趋于缓慢，但德国依然是欧洲范围内最成熟的分布式光伏储能市场，也是用户侧储能商业模式最先进的国家。英国近两年储能市场规模迎来爆发式增长，投运了大量储能项目。除了德国、英国市场之外，荷兰、法国、芬兰、丹麦、西班牙、捷克、比利时、俄罗斯、奥地利等在内的 9 个国家均部署了储能项目。

澳大利亚、印度、韩国等储能市场也在迅速发展。根据绿能科技媒体（GTM Research）发布的全球储能报告，澳大利亚近年来新增装机较多，其中美国特斯拉（Tesla）在澳大利亚部署 Hornsdale 储能项目发挥了关键作用。印度方面有诸多海外电池厂商在印建厂，未来几年内，印度有望依托不断提升的电池产品制造能力，陆续启动储能技术在柴油替代、可再生能源并网、无电地区供电等领域的应用。韩国部署的储能项目朝着规模大型化的方向演进，其中包括现代电气在蔚山市规划的 150MW 储能项目，该项目是世界上最大的用户侧储能项目。韩国国内 LG 化学、三星 SDI 和柯咖姆电源系统公司（KOKAM）将为韩国储能市场的规模化开发提供强有力的技术支撑和经验基础。

总体来看，根据国内外研究机构的预测，未来几年全球的储能需求仍将保持迅速增长，随着储能技术的进步和单位储能装机成本的降低，全球的储能装机规模将保持长期稳定增长。

5.2.2　中国储能市场的发展现状和趋势

根据 CNESA 全球储能项目库的不完全统计，截至 2020 年底，中国已投运储能项目累计装机规模 35.6GW，同比增长 9.8%。其中，抽水蓄能累计装机规模最大，为 31.8GW（占比 89.3%），同比增长 4.9%；电化学储能累计装机规模位列第二，为 3.3GW（占比 9.2%），累计装机规模同比增长速度达到91.2%；在各类电化学储能技术中，锂离子电池累计装机规模最大，为2.9GW（占比88.8%）。熔融盐热储能和压缩空气储能，占比分别为1.5%和0.03%（图5-2）。

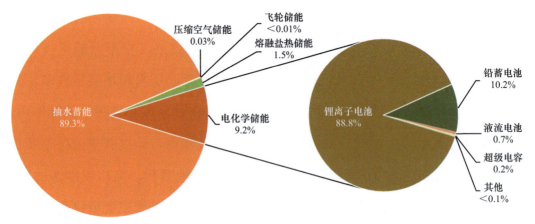

图5-2　中国储能装机总量及各技术分类占比（单位：GW）
计算结果四舍五入，总占比≠100%

国内氢储能还主要处于研发阶段，只有个别示范项目落地实施，总体规模目前很小，2019年8月，国内首个商业氢储能示范项目在安徽六安顺利签约，由国网安徽综合能源服务有限公司出资建设总装机规模为1MW氢储能示范项目；2021年1月，吉林省大安市舍力镇风光制氢储能《源网荷储综合能源》示范项目——舍力风电场三期项目获得批复，项目总建设规模50MW，其中，配置1MW制氢系统和1MWh储能系统。

近几年来，随着锂离子电池的技术进步和成本降低，我国电化学储能获得迅猛发展，2017年电化学储能总装机为0.39GW，2018年为1.07GW，2019年为1.7GW，2020年达到了3.3GW。

根据CNESA研究部的预测，我国抽水蓄能的发展空间仍很大，截至2020年，我国抽水蓄能电站投产总装机规模为32.5GW，2025年投产总规模将达到62GW；压缩空气储能的累计装机规模在2023年将超过2GW；熔融盐热储能的累计装机规模在 2023 年将达到 1.4GW；电化学储能未来几年将保持高速增长，累计装机规模在 2023 年将达到 20GW；氢储能仍处于研发示范阶段，预计 2025 年前不会有大规模增长。

总体来看，未来我国储能市场将迎来快速增长，不同储能技术将在不同的应用场景发挥各自优势。"十四五"期间及以后，随着电力体制改革的不断深入、市场机制和价格机制的不断完善，将催生出新一轮的储能政策，叠加储能技术的日益进步，将推动储能装机的持续增长，以满足市场上的多重储能应用需求。

5.3　国内外氢储能的发展现状

近年来，随着电解制氢技术的迅速发展，将其应用于可再生能源消纳的示范工程不断涌现。2012 年德国意昂集团的 power-to-gas（电转气）项目，于 Falkenhagen（法尔肯哈根）地区在用电低峰期用剩余的电力通过电解水生产氢气，在用电高峰时为电网提供能量，提高了电能的利用率，减少了峰谷电浪费。2014 年多伦多地区的 power-to-gas（电转气）项目，部署总容量 2MW 的制氢装置。电网运营商根据用电需求选择在用电低谷将剩余的电能转换为氢，在用电高峰时再将氢转变成电能并入电网使用，借此将氢能技术用于储能 [42]。

据统计，经过几年的发展，全球共有 14 个氢储能项目，装机规模共计 20MW 左右；另外，这 14 个项目中有 7 个位于德国，装机规模占全球的 70% 以上（表 5-1）。

2019 年 5 月，美国安思卓科技集团公司正式完成了微电网氢储能系统示范项目。该项目由美国马萨诸塞州清洁能源中心进行测试和验证，结果证明该项目的成功和可操作性，整个示范过程持续了近两年，通过实际行动，建立了氢基可再生能源存储系统，解决有效利用不稳定可再生能源的瓶颈，该项目的成功也证明了建立和实施"氢能源社区"或"氢能城市"的可能性，在这种情况下，氢气在未来将可能成为把可再生能源（太阳能、风能、水能等）、电力、热能和公用事业以及电网峰值转换能力结合在一起的关键媒介，该系统的成功开发是技术进步和产业发展趋势的结合。

表 5-1　世界主要氢储能项目装机情况

序号	项目名称	项目地点	装机（MW）
1	奥迪 e-gas 项目	德国	6.00
2	Energiepark Mainz 项目	德国	6.00
3	Hydrogenics 电解水制氢项目	加拿大	2.00
4	HyBalance- 液化空气集团高级业务	丹麦	1.25
5	INGRID 氢能示范项目	意大利	1.20
6	格拉普措 140MW 风电场和 1MW 制氢系统	德国	1.00
7	意昂法尔肯哈根电解水制氢试验工厂	德国	1.00
8	Reitbrook 电解水制氢厂	德国	0.80
9	EnBW 斯图加特氢测试设施	德国	0.40
10	ITM 公司图加电制燃气示范项目	德国	0.32
11	科西嘉大学 MYRTE 测试平台	法国	0.16
12	于特西拉风能 & 制氢厂	挪威	0.07
13	Lam Takhong 风氢混合储能项目	泰国	0.03
14	微电网储氢系统示范工程	美国	
	合计		20.23

注：资料来源于亚化咨询、北极星氢能网。其中，美国和挪威的项目已经由于运行成本高等原因而停运；德国、加拿大等的氢储能主要以 power-to-gas 为主，尚未大规模应用氢燃料电池；欧盟在氢能发展规划方面处于世界领先地位，2020 年欧洲氢能组织发布了《为实现欧洲绿色协议的 2×40 GW 绿氢行动计划》，目的在于尽快在欧盟及其邻国发展 2×40 GW 的电解槽市场，促进欧盟绿氢大规模发展。

国内的氢储能项目起步较晚，在 2019 年之前多处于实验室研发或小型试验阶段。2019 年 8 月，我国首个兆瓦级氢储能项目——安徽省六安市 1MW 分布式氢能综合利用站电网调峰示范项目在金安经济开发区成功签约。该项目由国网安徽综合能源服务有限公司投资建设，总投资 5000 万元，建设地点位于金安经济开发区，占地 10 亩①，主要建设 1MW 分布式氢能综合利用站，是国内第一个兆瓦级氢能源储能电站。

2019 年 12 月，广州供电局有限公司招标"十四五"氢调峰综合能源站总体规划研究，项目包括但不限于研究变电站氢综合能源站储能的技术方案；对降低输变电建设成本、稳定电网、提高电网资产利用率等方面的作用；结合电网需求，研究氢能在电网中的应用场景等。由中国能源建设集团广东省电力设计研究院有限公司中标，预示着国内又一个氢能综合利用站进入项目前期研究。

2021 年 1 月 8 日，吉林省发改委对大安市舍力镇风光制氢储能"源网荷储综合能源"示范项目——舍力风电场三期项目进行了核准批复。该项目总投资 28417.52 万元，新建单机容量 2.2MW 风电机组 10 台、单机容量 2.0MW 风电机组 14 台，总建设规模 50MW；配套建设 1MW 制氢系统和 1MWh 储能系统。

5.4　氢储能政策分析

2015 年以来，国内对储能产业的扶持政策密集出台。《能源发展"十三五"规划》中提出，积极开展储能示范工程建设，推动储能系统与新能源、电力系统协调优化运行，以智能电网、能源微网、电动汽车和储能等

---

① 1 亩 $\approx$ 666.67m²。

技术为支撑，大力发展分布式能源网络，增强用户参与能源供应和平衡调节的灵活性和适应能力。将储能列入"十三五"规划百大工程项目，标志着储能首次正式进入国家发展规划。

2016 年 3 月，国家发展改革委、国家能源局印发《能源技术革命创新行动计划（2016-2030 年）》，并同时发布《能源技术革命重点创新行动路线图》，提出包括先进储能技术创新在内的 15 项重点创新任务，并指出，要研究太阳能光热高效利用高温储热技术、分布式能源系统大容量储热（冷）技术，研究面向电网调峰提效、区域供能应用的物理储能技术，研究面向可再生能源并网、分布式及微电网、电动汽车应用的储能技术，引领国际储能技术与产业发展。

此外，新一轮电力体制改革相关配套文件，促进大规模可再生能源消纳利用、能源互联网和电动汽车推广发展的多项政策文件亦都将发展和利用储能作为重要的工作内容，为提高储能的认知度、确立储能发展的重要性做出了贡献。

2017 年 9 月 22 日，国家发展改革委、国家能源局等五部门联合印发《关于促进储能技术与产业发展的指导意见》（以下简称《意见》），这是我国储能行业第一个指导性政策，《意见》提出未来 10 年中国储能产业的发展目标，以及推进储能技术装备研发示范、推进储能提升可再生能源利用水平应用示范、推进储能提升电力系统灵活性稳定性应用示范、推进储能提升用能智能化水平应用示范、推进储能多元化应用支撑能源互联网应用示范等五大重点任务，从技术创新、应用示范、市场发展、行业管理等方面对我国储能产业发展进行了明确部署，同时对于此前业界争论较多的补贴问题给予了明确说明。另外，电力辅助服务、电力需求侧管理、电力市场化交易和配售电改革等方面政策也加速了储能发展。

2019 年 6 月，为落实《关于促进储能技术与产业发展的指导意见》（发改能源〔2017〕1701 号），国家发展改革委、科技部、工信部、能源局联合发布了《贯彻落实〈关于促进储能技术与产业发展的指导意见〉2019-2020 年行动计划》，提出要加强先进储能技术研发；加大储能项目研发实验验证力度；继续推动储能产业智能升级和储能装备的首台（套）应用推广；提升储能安全保障能力建设，在电网侧研究采用大容量、响应速度快的储能技术；推动配套政策落地，引导地方根据《国家发展改革委关于创新和完善促进绿色发展价格机制的意见》（发改价格规〔2018〕943 号），进一步建立完善峰谷电价政策，为储能行业和产业的发展创造条件，探索建立储能容量电费机制，推动储能参与电力市场交易获得合理补偿；规范电网侧储能发展；建立储能项目备案制；调整抽水蓄能电站选点规划并探索研究海水抽水蓄能电站建设；组织首批储能示范项目；积极推动储能国家电力示范项目建设；推进储能与分布式发电、集中式新能源发电联合应用；开展充电设施与电网互动研究；完善储能相关基础设施；完善储能标准体系建设，建立与国际接轨、涵盖储能系统与设备全生命周期、相互支撑、协同发展的标准体系。

2021 年 7 月，为落实党中央、国务院做出的"实现碳达峰碳中和，努力构建清洁低碳、安全高效能源体系"重大决策部署，国家发展改革委、国家能源局发布了《关于加快推动新型储能发展的指导意见》（发改能源规〔2021〕1051 号），提出抽水蓄能和新型储能是支撑新型电力系统的重要技术和基础装备，对推动能源绿色转型、应对极端事件、保障能源安全、促进能源高质量发展、支撑应对气候变化目标实现具有重要意义。其中提到以需求为导向，探索开展储氢、储热及其他创新储能技术的研究和示范应用，进一步明确了对氢储能技术研究的支持。

总体而言，储能相关政策和标准已日趋完备，但由于氢储能还处于研究示范阶段，国家还未专门针对氢储能出台相关政策或标准。最近几年国家出台的一些适用于整个储能行业的政策，这些政策表明国家对于储能行业发展是大力支持的，氢储能作为储能行业中的年轻一员，在具备竞争力的条件下发展空间是巨大的，在政策方面可以参考国家和地方关于储能方面的各项政策及标准。

5.5 氢储能和其他储能方式的技术经济性比较

1. 技术成熟度

根据各种储能技术成熟度的不同可分为三个层次：

（1）成熟技术：抽水蓄能电站、铅酸电池、锂离子电池等储能技术已经成熟，抽水蓄能和铅酸电池的商业化应用已有上百年历史，锂离子电池储能的商业化应用在近几年取得了迅速发展。

（2）基本成熟的技术：熔融盐储热、压缩空气储能、液流电池、钠硫电池、飞轮储能、大规模电容等储能技术已经完成研发并有部分成功的商业化示范，有一定装机规模，但是还没有得到大规模推广应用，竞争力和可靠性仍然需要市场来进一步检验。

（3）处于研发示范和进步阶段的技术：氢储能、金属-空气电池储能和太阳能燃料电池等储能技术正处在研发进步阶段，通过了多个科研机构的研究论证，但成熟度不高，以实验室研发或示范工程为主[43]。

2. 功率和放电时间

根据各种储能技术的功率和放电时间、实际应用情况，大体上分为三种类型：

（1）能源管理：抽水储能、压缩空气储能适合于规模超过 100MW 和需要长时间持续输出的应用，可用于大规模的能源管理，如负载均衡、输出功率斜坡、负载跟踪。大型锂离子电池、液流电池和储热/冷适合于 10 ～ 100MW 的中等规模能源管理。

（2）电能桥接：锂离子电池、液流电池和金属-空气电池不仅有较快的响应（约小于 1s），还有较长的放电时间（1h），因此比较适合桥接电能，通常此类型应用程序的额定功率为 100kW ～ 10MW。

（3）电力质量：飞轮储能、超导磁能、大型电容等反应速度快（约毫秒级），可用于电能质量管理，包括瞬时电压降、降低波动和不间断电源等，通常这类储能设备的功率级别小于 1MW。

3. 储存周期

经过对比分析各种储能技术的能量自耗散率发现，抽水储能、压缩空气储能、氢储能、金属-空气电池、太阳能燃料电池和液流电池等的自耗散率很小，因此均适合长时间储存。铅酸电池、锂离子电池、镍镉电池、储热/冷等具有中等自放电率，储存时间以不超过数十天为宜。飞轮、超导磁能、电容每天有相当高的自充电比，只能用在最多几个小时的短循环周期[44]。

4. 储能成本

成本是影响储能产业经济性和能否成功商业化运营的最重要因素。就每千瓦时的成本而言，压缩空气、抽水储能、储热技术、金属-空气电池成本较低。在已经成熟的储能技术中，每单位千瓦的建设成本，压缩空气储能最低，抽水储能次之。超导磁能、飞轮储能、大规模电容的单位输出功率成本不高，但从储能容量的角度来看，单位电量价格很贵，因此它们更适用于大功率和短时间应用场合。

总体而言，在所有的电力储能技术中，抽水储能和压缩空气储能的每千瓦时储能和释能的成本都是最低的，但近几年来锂离子电池储能技术的周期成本已在大幅下降，未来可能形成较强的竞争优势。

氢储能目前的建设成本和运营成本均较高，尚不具备市场竞争力，但未来随着技术进步和规模化发展，成本有较大下降空间[45]。

5. 储能效率

各种电力储能系统的充放电循环效率大致可以分为三种：

（1）高效率：超导磁能、飞轮、超大容量电容和锂离子电池的循环效率超过 90%。

（2）较高效率：抽水蓄能、压缩空气储能、铅酸电池、液流电池和大规模电容的循环效率为 60% ～ 90%。

（3）较低效率：氢储能、金属-空气电池、太阳能燃料电池、储热/冷的效率低于 60%。

6. 能量密度

对于各种储能技术的能量密度和功率密度，金属-空气电池和太阳能燃料电池的循环效率很低，但是它们却有极高的能量密度（约 1000Wh/kg）；而锂离子电池、储热/冷和压缩空气储能具有中等水平的能量密度（100 ～ 500Wh/kg）；抽水蓄能、超导磁能、电容和飞轮的能量密度最低，通常在 30Wh/kg 以下。

7. 使用寿命

比较不同电力储能系统的使用寿命和循环次数可以看出，主要依靠电磁技术的电力储能系统的循环周期非常长，通常大于 20000 次。例如，包括超导磁能和电容器。机械能或储热系统（包括抽水蓄能、压缩空气储能、飞轮、储热/冷）也有很长的循环周期。电池类储能系统由于随着运行时间的增加会发生化学性质的变化，因此循环使用寿命较其他系统要低。

综上，将氢储能与其他储能技术在技术成熟度、功率和放电时间、储存周期、储能成本、储能效率、能量密度和功率密度、使用寿命和循环次数等多维度进行技术经济比较发现，氢储能技术处于起步阶段，不够成熟，储能成本较高，储能效率不高，使用寿命不长，但在储能周期、能量密度等方面具有一定优势，目前氢储能的综合竞争力不强，但未来随着技术不断进步，综合竞争力将逐渐得到提升[46]。

5.6 氢储能存在的问题分析

氢储能涉及了氢能产业链的各个主要环节，在电解水制氢、储氢、氢燃料电池等关键环节均面临一些瓶颈问题，另外还面临着行业不成熟、系统效率低、政策不明朗、经济性差等问题。

1. 电解水制氢方面

电解水制氢技术根据电解质不同，主要可分为碱性电解（ALK）、质子交换膜（PEM）电解水、固体氧化物（SOEC）电解水三大类。目前可实际应用的电解水制氢技术主要有 ALK 与 PEM 两类技术，SOEC 具有更高能效，但还处于实验室开发阶段。ALK 电解水能源效率通常仅在 60% 左右，碱性液体电解质电解槽也难以快速地关闭或者启动，制氢的速度也难以快速调节，因此难以与具有快速波动特性的可再生能源配合[47]。PEM 电解装置可以提供更宽广的工作范围并且响应时间更短，在运行中的灵活性和反应性更高，可以很好地结合可再生能源发电,有利于从电力市场获得收益。

国内 PEM 电解水制氢技术尚处于从研发走向商业化的前夕,虽然单机能耗上国内的 PEM 制氢装置也较优,但在规模上与国外产品还有明显距离。国内 PEM 电解制氢发展存在一定瓶颈,技术不成熟阻碍了 PEM 电解的发展。国内 PEM 电解设备的技术较国际先进水平差距较大,尤其在设备成本、催化剂技术、质子交换膜等方面,导致国内电解制氢在成本和效率上的竞争力不足,另外,较高的电价也限制了 PEM 制氢大规模推广应用和技术进步。

2. 储氢方面

虽然我国各种储氢技术均有应用,近几年在氢气储存方面取得了一定的成绩,规模化站用氢气瓶组实现商业应用,但是总体上我国的储氢技术水平与国外还存在一定的差距:①我国成熟的储氢产品只有 35MPa 和 70MPa 的 Ⅲ 型瓶,Ⅳ 型瓶还处于研发阶段,而国外已经开始使用质量更轻、成本更低、质量储氢密度更高的 Ⅳ 型瓶;②由于研发起步晚、原材料性能差等原因,我国能满足车用氢瓶要求的碳纤维较少,还大量依赖进口;③液氢储罐虽已有应用,但存在投资成本高、能耗较大等问题[48]。要实现储能级别的氢气储存规模化应用,还需要进一步解决储氢技术的大规模、低成本、高能效和安全性等问题。

3. 氢燃料电池方面

近年来,我国氢能燃料电池技术整体上取得了长足的发展,但关键材料、核心部件的批量生产技术尚未形成,催化剂、隔膜、碳纸、空压机、氢气循环泵等仍主要依靠进口,这严重制约了我国氢燃料电池产业的自主可控发展[49]。目前国内的氢燃料电池技术仍然面临着瓶颈问题,氢燃料电池制造的上游设备和基础原材料目前还需要依赖进口。我国在高活性催化剂、高强度高质子电导率复合膜、碳纸、低铂电极、高功率密度双极板等方面的技术水平目前已经达到甚至超过了国外的商业化产品，但多停留于实验室和样品阶段，还没有形成大批量生产技术。

氢燃料电池最核心的就是膜电极与催化剂，需要在膜电极上喷涂催化剂，然后将膜电极与双极板压制在一起，形成膜燃料电池堆。国内有些企业的膜电极产品已经成功应用于交通动力、备用电源、发电等领域，但其进行膜电极制造设备采购时，选用的仍是美国的设备，国内设备的效果不太理想；另外，国内对于催化剂这种新材料的研究与国外还有差距，所以膜电极上喷涂的催化剂目前大量依靠进口。

电堆和系统可靠性与耐久性有待提高。目前，我国燃料电池堆和系统可靠性与耐久性等与国际先进水平仍存在差距，在全工况下的可靠性与耐久性有待进一步提高[50]。燃料电池系统可靠性与寿命不仅仅由电堆决定，还依赖于系统配套，包括燃料供给、氧化剂供给、水热管理和电控等，因此，也需进一步加强燃料电池系统整体的过程机理及控制策略研究。

4. 系统效率低

由于氢储能至少涉及了电解制氢-储氢-氢气发电三个主要环节，每个环节上的一些能量损失叠加起来就会导致系统效率偏低[51]。例如，电解制氢环节的效率在 80%～90%，储氢环节的效率在 90%～95%，氢气发电环节的效率在 50%～70%，综合计算，总的氢储能系统效率仅在 40%～60%。

5. 运行成本高

氢储能大规模推广的关键在于降低成本。国内的氢能研究主要由国企牵头，民营企业由于成本问题，涉足较少。日本虽然氢能领域的技术较为成熟，但是成本仍然较高，超过 50% 的成本由日本政府补贴。日本的技术成熟并不表示产业也成熟，所以成本居高不下 [52]，只有氢能相关的配套全产业链发展起来，总体成本才能降下来。

6. 政策不明朗

相较美国、日本、韩国等发达国家，我国的氢储能研究起步较晚，前期只有一些研究机构进行这方面的研究，近几年国家将氢能提升到了战略高度，但还未出台专门针对氢储能的发展计划，相关政策（如何补贴氢能发展的政策）也还没有落地，只有某些地方政府出台了一些政策，所以相关企业（包括国企）也未在氢能产业领域大步迈进。具体产业政策出台是非常必要的，这样可以调动企业积极性，氢储能发展的前期成本高，没有政府进行补贴，仅靠企业无法承担。

5.7 氢储能的发展趋势分析

在碳达峰碳中和政策背景下，未来我国储能市场将迎来快速增长，预计到 2025 年我国储能市场总体装机规模累计将超过 110GW，储能总体市场规模发展潜力巨大。其中，氢储能作为各类储能技术中的新兴储能方式，从储能市场总量角度来看，氢储能具有广阔的发展空间，但氢储能技术本身固有的劣势（例如系统总体效率较低、综合运行成本较高等）也对其大规模发展形成了制约。

总体来看，氢储能未来的发展趋势受电解水制氢、储氢、氢燃料电池发电等多种技术因素影响，同时还受国家产业政策、成本竞争力、电力体制改造、行业配套服务等多种非技术因素影响，存在很大的不确定性。

从国家已经发布的政策来看，目前我国尚未将氢储能作为储能的重要发展方向，但国家发展改革委、国家能源局发布的《关于加快推动新型储能发展的指导意见》（发改能源规〔2021〕1051 号）提到以需求为导向，探索开展储氢、储热及其他创新储能技术的研究和示范应用，表明了国家对于氢储能技术研究的支持力度在加大，氢储能成为我国新型储能技术体系中一条可选择的潜在技术路径。若未来我国氢储能的各项技术指标持续提高，储能综合成本不断降低，产业综合竞争力大幅提高，加之未来国家政策对氢储能给予更多的支持，我国的氢储能产业将迎来大规模发展，成为储能市场中继电化学储能之后的又一市场主体力量，也成为我国氢能利用产业发展中的重要增长极。

5.8 氢储能发展路线图

1. 氢储能在大容量、长周期储能中具备一定优势条件，未来氢储能可能沿此发展路线取得较大规模发展

与抽水蓄能、压缩空气储能、电化学储能等方式相比，氢储能还处于起步阶段，技术不够成熟，运行成本较高，储能效率较低，使用寿命不长，但在储能周期、能量密度等方面具有一定优势，虽然总体来看目前氢储能的综合竞争力不强，但未来随着技术不断进步，竞争力将逐渐得到提升，未来可能在大容量、长周期储能需求中获得较好发展，与电化学储能形成互补。

氢储能涉及了氢能产业链的多个主要环节，在电解水制氢、储氢、氢燃

料电池等环节目前尚面临一些关键技术瓶颈问题，着力这些问题，提高各个环节的能源转化效率和自有技术装备水平，降低各个环节的投资水平和运营成本，切实提高各项技术经济指标，提高综合竞争力，是未来氢储能获得良性、快速发展的必由之路。

氢储能由于还处于研究示范阶段，国家还未专门针对氢储能出台相关政策或标准。最近几年国家出台了一些适用于整个储能行业的政策，这些政策表明国家对于储能行业发展是大力支持的，氢储能作为储能行业中的年轻一员，在具备竞争力的条件下发展空间是巨大的。

在碳达峰碳中和目标驱动下，我国新型电力系统将加快建设，储能市场将迎来快速增长，储能总体市场规模未来发展潜力巨大，预计到 2025 年、2035 年和 2050 年，我国储能市场总体装机规模将分别有望达到 110GW、280GW 和 900GW。氢储能作为一种新兴的储能方式，当前由于技术发展阶段尚处于前期，在全球范围内仅有十多个项目，在全球储能系统装机中仅占 0.01%，我国的氢储能更是刚刚起步，2019 年全国首个兆瓦级氢储能项目在六安签约，同年底，"广州局'十四五'氢调峰综合能源站总体规划"进入项目前期研究，2021 年吉林批复的大安"源网荷储综合能源"项目配建 1MWh 氢储能系统，从发展趋势来看，未来我国氢储能的装机规模及氢储能占储能总装机的比例，都将有所发展和提高，预计到 2025 年、2035 年和 2050 年，我国氢储能装机规模将分别有望达到 0.1GW、1GW 和 20GW。

2. 发展路线图

根据上述氢能及燃料电池的应用现状及发展研判，提出氢储能发展路线，主要从需求分析、发展目标、关键技术／重大装备、重点任务和示范工程等维度展开（表 5-2）。

表 5-2　氢储能发展路线

技术方向	类型	2020 ～ 2025 年	2025 ～ 2035 年	2036 ～ 2050 年
氢储能领域	需求分析	在需求侧建立电网电解水制氢、氢储能调峰综合能源站集群，实现对电网终端用户需求削峰填谷的协同作用；在供给侧建立可再生能源电解水制氢、氢储能基地，实现对可再生能源削峰填谷的协同作用		
	发展目标	0.1GW	1GW	20GW
	关键技术/重大装备	电解水制氢、大规模储氢、氢燃料电池、氢储能系统	PEM 电解水制氢效率 85%，单套规模 20MW；Ⅳ储罐、液氢储罐、输氢专用管道的研发、示范	SOEC 制氢效率 90%，单套规模 100MW、AEM 制氢效率 85%；单套规模 20MW，实现液氢储罐的商业化应用，长距离输氢专用管道、地下储气库的氢能系统
	重点任务	提高氢燃料电池效率，降低氢燃料电池成本；从政策上明确给予氢储能必要的研发投入支持	提高电解水制氢效率，提高国产化率，提高单位体积储氢能力和大规模储氢的安全性；从政策上明确给予氢储能产业发展补贴或税收优惠支持	通过经验积累和设计优化，提高氢储能系统的总体效率；降低氢储能的成本，提高氢储能的经济竞争力；从政策上对氢储能发展进行规范，防止无序盲目发展
	示范工程	继续开展在需求侧建立电网电解水制氢、氢储能调峰综合能源站的示范工程，多样化布局不同地区，获得示范经验	在供给侧建立可再生能源电解水制氢、氢储能示范基地，探索示范氢储能对可再生能源削峰填谷的协同作用，积累大规模应用的经验	氢储能在需求侧和供给侧的商业化示范应用，在多地区、多场景开展具有代表性的商业化示范工程，总结成功经验和尚需改进的不足

第 6 章

我国氢能利用产业发展战略研究

6.1 中国氢能产业发展存在的主要问题

1. 氢能产业发展缺乏顶层设计

与发达国家将氢能纳入国家能源体系不同，由于涉及部门多，氢能在中国并未正式纳入能源管理序列，未建立产业垂直管理与监管体系[53]。国家层面战略目标、科技创新、重大装备研制、示范工程、产业化方向等尚待进一步明晰，缺乏氢能产业化发展政策保障体系与实施路线图，不利于现有产业要素效用最大化发挥，亟待出台立足长远的国家氢能产业顶层设计。

2. 氢能能源属性及管理部门待明确

目前，氢气在中国作为工业原料应用，并被列为危化品管理。2020年4月10日，《中华人民共和国能源法（征求意见稿）》将氢能列入能源范畴，距离正式出台还有一段路程。氢能产业链包括"制-储-运-加-用"等业务板块，各板块参与方众多，标准体系不同，产业链中大量问题需要协调。目前氢能尚无牵头主管部门，涉及各环节的规划、安全、标准、项目核准等没有明确主管部门。

3. 氢能标准体系不健全

国内尚未建立系统全面的标准、计量、检测和认证体系，支撑氢能产业发展的质量基础还很薄弱。氢气的危化品属性使得氢气生产区域受限、运输模式受限、加氢站审批受限。氢气制取碳排放标准、储氢瓶组的标准和技术、氢能交通燃料应用、氢安全体系标准等方面亟待完善，权威检测认证机构尚未形成。以上严重制约了氢能和燃料电池产业的发展。

4. 氢能核心技术和产品与国际先进水平差距较大

中国的液氢产业链设备基本属于空白，兆瓦级电解制氢装备、储氢瓶组、燃料电池电堆催化剂、膜电极、空压机、氢循环泵、氢气品质检测、氢气泄漏测试等基础材料、核心技术或关键部件的工程化水平较低，高端产品基本依靠进口，且多为国际少数企业垄断。

5. 氢能产业处于低水平重复建设和无序竞争状态

氢能产业横跨能源、材料、装备制造等多个领域，既能有效带动传统产业转型升级，又能催生新产业链，整合带动效果突出。因此，地方政府发展氢能的积极性颇高，多地发起氢能产业园区建设，各企业也在寻求项目落地，但城市和企业规划雷同性较高，低水平的重复建设严重，存在很大程度的同质化，短时间内面临产能过剩风险。同时氢能产业链中亟待突破的关键环节和核心技术掌握不足，普遍存在重应用、轻研发，重短期效果、轻长期投入，急于求成等问题，各地竞相开发氢能，抓技术、挖人才、找项目，氢能与燃料电池产业发展仍处于无序状态。需要政府积极引导，加大产学研投入与人才培养。

6. 产业体系和商业模式尚不成熟

氢能产业处于起步阶段，氢能全产业链条还未能打通，产运销等环节较为分散，阻碍了产业的布局与发展。产业链企业主要分布在燃料电池零部件及应用环节，上游氢气储输及加氢基础设施薄弱，规模企业占比低，仅 10% 左右。加氢站高昂的建设运营成本无法通过规模经济效应平衡收支。受燃料电池发展技术、成本以及加氢站基础设施等因素影响，我国目前氢能的应用场景集中在交通领域的商用车方向，氢能产业链落后于全球氢能产业化进程。

现有各地出台的氢能源和燃料电池发展规划也大多围绕交通领域，商业模式和持续路径不明确。燃料电池在分布式热电联供、备用电源、无人机等众多领域的应用亟待探索，亟待寻找适合中国国情的氢能商业化发展模式。

6.2　氢能利用产业发展条件基本判断与发展前景分析

6.2.1　发展条件基本判断

在全球能源转型和可再生能源快速发展的背景下，氢气作为一种清洁的二次能源和储能介质，在打通化石能源、可再生能源的过程中将发挥重要作用，在促进可再生能源大规模利用、储能调峰、提升可再生能源品位的过程中将起到关键作用。

从全球产业发展阶段看，氢能利用产业链在技术上不存在障碍，产业发展已进入导入期，发展的重点在于扩大规模、降低成本、寻求适宜的商业模式。其中，我国重点发展的公交和重卡等交通领域更易快速形成规模市场。

在政策支持上，在全球碳中和大趋势之下，氢能产业已经成为世界能源技术变革的重要方向。像美国、日本、欧盟、韩国等 16 个国家或地区已将氢能上升到国家战略高度，中国等 11 个国家也在制定过程中。此外，我国财政部等五部委"以奖代补"政策和氢能示范城市群也逐渐落地。

在产业发展阶段上，中国氢能及燃料电池汽车仍属于产业导入期，实现商业化仍是一个中长期的发展过程。目前形成了以上海为代表的长三角地区、以广东为代表的珠三角地区，以及以北京为代表的京津冀地区，北京、上海、广东三个氢能示范城市群也已落地。

在技术水平上：第一，氢燃料电池的核心技术与国际先进水平仍有差距。

比如燃料电池电堆和系统功率、体积比功率、低温启动性能、燃料电池系统寿命、耐久性等方面;第二,氢燃料电池汽车的产业链基本形成,但像质子交换膜、膜电极、催化剂、氢气循环泵等核心零部件的技术水平、生产能力、成本等方面与国际先进水平相比仍有较大差距,要么不具备量产能力,要么国内虽然能生产,但是质量和技术水平不如进口产品,仍需要攻克基础材料、核心技术和关键部件难关。

综上所述,从技术发展现状和市场培育成熟度看,氢能目前并不具备"大干快上"的基础。与日本、美国等国家相比,我国在氢能全产业链上都存在巨大差距。氢燃料电池虽然在我国发展迅速,但核心技术和零部件仍然是原创性差,关键技术和原材料都被国外垄断。对于我国氢能产业的发展,做好核心技术研发,突破关键材料和核心零部件的开发及应用,寻找适宜的商业模式和应用场景是氢能产业持续、健康、规模发展的必经之路。

6.2.2 中国氢能产业发展前景分析

长期来看,氢能产业未来的发展前景非常广阔,但根据目前发展状况判断,未来氢能产业要立足于商业能源领域,需具备几项前提条件:第一,发展前期必须予以强力政策支持,包括资金补贴和示范项目,也包括能够让氢能在能源、环境质量和经济发展上适应国家发展的社会目标;第二,在产业链的各个环节上,成本均具备一定竞争力,包括在供给环节上与化石能源的价格竞争,在储运及应用环节中与锂电池的竞争等;第三,技术安全可靠性保障,包括技术安全保障、法律规范保障和提高社会认知接受度等。满足以上条件,进而,提高氢能产业竞争力的核心要素是增加投资以扩大规模、扩大氢能价值链,需要包括政府、企业在内的社会经济体全员参与和投入。普遍认为,目前能推动全球氢能产业跨越发展的国家是中国。这不仅因为中国有大量需求场景和较大需求潜力，也是因为作为能源消耗大国，中国降低碳排放的压力也更加突出。未来 30 年，中国的氢能产业发展前景按照如下三个阶段进行分析。

（1）第一阶段（当前到 2025 年）：政策引导局部示范导入期。

该阶段属于氢能产业发展导入期。在"以奖代补"政策的引导下，在"十四五"期间，通过示范城市群的带动，将氢能和燃料电池汽车产业链建立起来，关键核心技术取得突破，逐步实现国产化。与此同时，氢能行业将推动完成氢能在中国的发展定位与战略目标，形成自上而下相对健全的行业发展指导意见及审批管理政策，初步建立产业政策、监管方式、商业模式，为产业健康持续发展奠定基础。

（2）第二阶段（2025～2035 年）：市场驱动商业模式培育期。

该阶段属于氢能产业发展市场培育期。在燃料电池系统价格下降、生产规模扩张、可再生能源在制氢过程中使用比例提升、加氢基础设施逐渐完善等多个因素的驱动下，氢燃料电池车对于商用车，尤其是重卡的成本将大幅下降，和电动车及燃油车相比，将具有很强的市场竞争力，氢燃料电池有轨电车、氢燃料电池分布式电源也将参与到细分领域的市场竞争，整个氢能产业将形成一定的发展规模，并将探索固定式可再生氢能源系统的储存和管理，探索如何与其在交通出行领域的应用产生协同作用，形成高效、安全、低成本的供氢网络雏形，为产业高质量持续发展奠定基础。在此阶段，氢燃料电池、制氢、加氢、运氢、储氢关键装备技术基本实现国产化；产业政策逐步健全、行业监管相对完善，商业模式较为成熟，产业处于以市场驱动下有序竞争且日益发展的发展环境。

（3）第三阶段（2036～2050 年）：产业生态绿色智慧成熟期。

该阶段属于氢能产业发展成熟期。可再生能源制氢（包括太阳能光解水制氢技术）成为核心氢源，氢气在这个阶段将能够更系统地生产、储存、运输和分销。氢能源将同电动车和其他新兴技术一样，充分进入交通、电站和储能等各个细分市场参与竞争，在全球范围内实现将绿色能源转化为动力的系统解决方案。在这个阶段，社会生产系统将由不同的技术提供动力，氢能产业将实现与工业、电力、建筑、交通行业不同程度的融合，最终实现电力与氢能互补的能源供应体系。

6.3 氢能利用产业发展指导思想与发展策略分析

6.3.1 指导思想

综合分析国际国内形势，充分立足于氢能产业发展对我国绿色低碳循环发展、推动能源革命、建设制造强国的贡献，科学分析产业高质量可持续发展的技术路线、时间表与重点任务，我国应当尽快着手布局，加快氢能与燃料电池产业发展，需要国家层面的统一领导，突破核心关键技术，积极探索氢能源商业模式。概括起来是"战略引领，政策推动，技术为本，试点先行，区域协调，尊重市场，稳妥推进"。

（1）战略引领。

国家层面加强引导，持续完善顶层设计。研究将氢能纳入我国能源体系事宜，推动氢能成为国家能源战略的重要组成部分，制定详细的氢能产业发展实施路线图，重点规划基于实现氢能与工业、电力、建筑、交通行业深度融合的安全高效、低碳循环的氢能供给网络与应用场景，将发展氢能与我国建设现代经济体系的重大部署紧密结合，实现产业高起点开局、高质量实施、可持续发展。同时，研究设立氢能源及燃料电池国家重大专项的工作方案。

（2）政策推动。

建立健全产业政策、安全监管及技术标准体系。相关部委联合研究出台氢能产业发展的指导意见，加强各级主管部门的相互协作；出台安全评价等关键审批事项自上而下的管理办法与技术论证方案，建立氢能基础设施项目"安全绿色"的审批通道；加快健全中国氢能标准体系，进一步完善氢能基础设施设计、建设与验收相关标准；参照充电设施，尽快出台将加氢站纳入城市建设规划指导意见；加快建立第三方检测；逐步建立健全产业准入与退出机制、氢能基础设施装备质量追溯体系、企业质量安全评价体系、责任延伸制度，与补贴政策、金融支持相挂钩；探索建立基于信息化的氢能大安全监管平台；分类指导、稳步推进取消电解水制氢站选址受化工园区限制；加强氢能源科普宣传，构建良好的产业发展氛围，吸引更多社会资源。

（3）技术为本。

依托行业骨干企业、科研机构与高校，联合组建国家级工程技术中心、国家实验室、国家制造创新中心等平台，推动协同创新，提升我国从关键原材料到电堆系统方面的可靠性、耐久性，降低成本，努力缩小国内产品与国际一流产品的技术差距；共同开展氢能基础设施关键技术攻关，建立氢能知识产权共享机制，高效共享闲置和分散的知识产权资源，最大化地实现资源价值；加强国家及各地重点研发计划关于氢能基础设施关键技术及装备国产化支持力度；支持在具备条件的地区设立自主创新氢能产业示范区，利用已有优势加快产业聚集，布局一批具有引领作用的重大氢能示范工程；加强国际交流，鼓励实施氢能源国际大科学计划和大科学工程，形成国际化的协作机制。

（4）试点先行。

利用我国重点发展氢燃料电池公交车和物流车的特点，在北京、上海、广东等氢能示范城市群中，优选政策高地开展加氢站试验示范。同时，以风险投资、股权投资方式，布局相关领域和重点企业，掌握关键核心技术装备，培育商业模式和人才，为下一步规模发展做准备。财政支持上，将补贴方式调整为选择一部分城市围绕氢燃料电池汽车关键零部件核心技术攻关，开展燃料电池产业化示范应用，采取"以奖代补"方式对示范城市群给予奖励，支持地方组织企业开展新技术研发攻关和产业化、人才引进和团队建设以及新技术在氢燃料电池汽车上的示范应用等。

（5）区域协调。

发展氢能的城市、地区，需要具备氢源、相关产业基础和足够的财政实力，全国已有多个省（市）已实质性开展氢能产业布局与推广工作，均出台了相关产业扶持政策，并落地一批燃料电池或整车产业，推动加氢站建设，积极开展示范运营。从目前看，京津冀、长三角和珠三角区域相对满足这些条件，这些地方规划与政策的出台，有利于国内区域性供氢网络的构建，加速区域氢能产业生态培育。

（6）尊重市场。

任何一种新产业从兴起到成功，除了需要成熟的技术体系、政策的大力支持、企业的深度参与，还需要消费者的广泛接受，亦即市场认可。要让消费者接受这一新事物，实现氢燃料电池汽车真正的商业化和市场化，关键是要解决两个问题：政府要有明确的产业政策导向，企业要有足够的投入。通过两者努力，拿出市场认可的产品，这是最终目标。

（7）稳妥推进。

氢能经济的实现不是一朝一夕的事，需要在正确的路线图的指导下，健康有序地向前发展，想要一蹴而就、蛙跳式地进入氢能时代，这是不可能的，只有通过政府、企业、大学和研究机构通力合作才能实现。建议我国能源公司要在战略上保持定力，按照技术发展阶段和市场培育程度，积极稳妥推进。

6.3.2　发展策略分析

氢能产业在中国要可持续稳定发展，选择适合中国国情的发展模式，做到六度发展策略：配置氢能资源广度、保持科技创新热度、挖掘氢能技术深度、拓宽氢能利用幅度、控制产业示范进度、严控政策补贴力度。

6.3.2.1　氢能交通领域应用分析与建议

（1）交通领域以重卡、公交等商用车为突破口，建立柴改氢工业示范。

国内氢燃料电池车降本要从规模上做起，特别是要从商用车领域做起，再协同到乘用车领域上来。而商用车领域除了各国常见的公交车、物流车以外，还有对大功率有需求的重卡、叉车等工程用车；燃料电池功率大，首先替换柴油的特性正好在工程车领域可以得到很好的发挥，加上工程车比较集中的使用场景，加氢问题也能较好地解决。通过公交和重卡的规模化应用，带动整个产业链的发展，促进成本下降，最终将这种成本下降传递到其他领域。

第一，公交、重卡等商用车是最符合我国国情的氢燃料电池商业发展模式。应用场景较乘用车辆集中，行驶路径单一，可操作性较强，具备低温运行、大功率动力做功的特性，符合商用车在特定领域的需求。截至 2019 年，我国重型载货汽车保有量为 762 万辆，约为汽车保有量的 3%，其中 95% 为柴油车；二氧化碳排放占 40% ～ 55%，是交通运输部门减排的重要内容。

第二，建立港口-物流园区的柴改氢示范。国内物流园区及港口较发达，对重卡、叉车需求巨大，同时排放要求越来越严格，适合建立柴改氢示范区，布局加氢站。各地区可依托周边的风光资源和物流园区/港口等的布局，进行项目的开发。比如华北地区，可依托张家口丰富的可再生能源项目制氢，在环渤海物流园区/港口，天津港保税区，开展氢燃料重卡、氢燃料叉车、加氢站于一体的柴改氢一体化发展模式示范区。

第三，采取试点先行。利用我国重点发展氢燃料电池公交车和物流车的特点，在长三角、珠三角和环渤海等地区的代表性城市中，优选政策高地开展氢能产业链示范。同时，以风险投资、股权投资方式，布局相关领域和重点企业，掌握关键核心技术装备，培育商业模式和人才，为下一步规模发展做准备。

（2）船用氢燃料电池技术工程化应用。

氢燃料电池系统可用于多种用途船舶，包括游艇、公务船、渔船、货轮等，但氢燃料电池船用动力推进技术，船用高安全、高储氢密度氢源技术等都有待突破。由于锂电或质子交换膜氢燃料电池等新技术的体积功率密度难以达到船舶长航时的要求，提高发电系统体积功率密度是推广氢燃料船舶应用的主要方向；可以使用高体积能量密度燃料，比如更易储存的液氨，通过SOFC 技术实现更高效的发电装置。因此，国家需要在船舶领域对 SOFC 技术进行引导，实现 SOFC 电力系统在船舶上应用，包括①主动力源（液氢、液氨）；②替代船舶柴油发电机。实现船用氢燃料电池推进装置自主化和工程化，加快推进船舶工业转型升级，以适应高性能绿色船舶在内河、近海、远洋船舶领域的市场需求。

（3）氢燃料电池机车技术工程化应用。

对于氢燃料电池机车，针对当前国内小功率燃料电池技术上难以满足车辆驱动、大功率燃料电池成本过高的情况，采用燃料电池用作锂电池增程器的设计可以满足驱动条件。不同于乘用车辆，机车有较大的空间，满足同时布局两种动力的条件，氢燃料电池增程式模式，相比纯电动车辆增加续航里程，又能够弥补小功率燃料电池动力不足的缺陷。对于增程式模式，氢燃料电池可以采用质子交换膜燃料电池（PEMFC）或固体氧化物燃料电池（SOFC）技术路线，即使用燃料电池系统作为纯电动的增程发动机，用来弥补纯电动续航短的缺点，当电池即将耗尽时，燃料电池发电机启动为动力电池充电，直至充满。特别是对于 SOFC 路线，这种技术路线的好处是，SOFC 技术反应慢、工作温度也很高，应对复杂工况时不能实现很好的急速启动，不能很好地变化负荷，但作为有预判缓冲、可恒定输出的增程发动机，恰恰是非常合适。

6.3.2.2　氢能在发电领域的应用分析和建议

（1）燃料电池作为通信基站的备用电源将是一种具有竞争力的应用方式。

在通信基站备用电源领域，备用电源要求能够提供快速可靠的响应能力，与车用燃料电池的特性基本一致，所以备用电源所采用的基本为低温质子交换膜燃料电池（PEMFC）。燃料电池备用电源正在全球范围内被采用，在因地区偏远或天气恶劣导致电网瘫痪的情况下保持系统运行。氢燃料电池备用电源与铅酸电池和锂离子电池相比，初始投资高，但是运维成本低，全周期的年均费用是有一定竞争力的。随着 5G 技术的发展，通信基站对于备用电源的备电能力的要求大幅增加，以往的铅酸电池备用电源将需要替换和淘汰，燃料电池备用电源储存足够的燃料即可实现长时间的备电，维护也相当的简单，并且其运行过程中真正零污染。由于全生命周期运营成本方面相对较低，可以优先发展通信基站备用电源。

（2）"氢储能+固定式燃料电池电站"模式有望成为氢能在发电领域的出路之一。

燃料电池发电系统需要寻找合适的发电场景和区域，在美国合适未必在中国也合适，各自的条件都不相同。因为发达的电网和廉价的电价，国内发展大型分布式燃料电池会更难，国家在这方面未有相关的激励政策，同时现阶段国内的燃料电池技术水平与国外差距巨大。但是随着可再生能源的发展，燃料电池成本的下降，固定发电结合氢储能可能是国内发展的一个思路。

目前的大型分布式发电的燃料电池主要是 PAFC、MCFC 和 SOFC，以 SOFC 为主要方向。一方面，SOFC 高温燃料电池的综合效率较高，能够达到热电联供的效果，另一方面，较高温度使其对燃料杂质的耐受性较好，催化剂可以采用较为廉价的金属，可以选择的燃料更多，例如天然气、氨气等。SOFC 应用到发电系统，在关键装备方面，需要解决高温下的耐热腐蚀能力和抗蠕变能力，提升高温下零部件的性能和寿命，特别是需要严格控制热平衡。

6.3.2.3　氢能在其他领域的应用分析与建议

（1）氢冶金是比较理想的碳源头减量的钢铁清洁生产技术路径。

随着碳达峰碳中和目标的提出，作为碳交易市场的主要目标产业和核心参与者，钢铁产业和钢铁企业低碳转型势在必行。在此进程中，以氢气全部或部分代替传统以碳为主的冶金工艺，能够从根本上解决现有冶金工艺的能源结构和排放，是当前钢铁行业低碳发展、能源变革的重要方向。其中，对比传统"高炉-转炉"钢铁长流程，氢为主要还原剂的氢冶金短流程不仅可以加速钢铁短流程取代钢铁长流程的进程，实现超低碳或无碳排放，而且可以实现产品的高纯净度，其产品是生产各种高温合金、耐热合金、精密合金等航空航天、军工和民用等高端、高附加值材料的基材。

（2）天然气管网掺氢是解决大规模可再生能源消纳问题的途径之一。

通过大规模风电、光伏制氢,并将氢以一定比例掺入天然气,利用现有的天然气管网进行输送,掺氢天然气可被直接利用,或者将氢与天然气分离后分别单独使用,被认为是当前解决大规模风电消纳问题的有效途径和实现氢较低成本远距离输送的方法。

考虑到各国天然气成分、管道工况、管道材料存在一定的差别,需结合我国实际情况针对掺氢天然气的安全问题开展研究,在借鉴国外泄漏、燃烧等研究成果的基础上,开展我国管道材料与掺氢天然气的相容性试验,获得特定掺氢比例下材料的力学性能,建立材料力学性能数据库;依据材料性能数据,针对我国具体情况,评估利用现有天然气管道输送掺氢天然气的风险,为掺氢天然气管道安全输送提供依据。

(3)无人机可实现 2h 以上的不间断续航,与锂电相比具有较强的竞争力。

燃料电池无人机是以燃料电池为动力的新能源无人机,其中使用最多的是质子交换膜燃料电池,它的反应温度适合无人机的工作环境,并且有较高的能量密度。燃料电池在无人机领域的应用战略,思路是基于整个燃料电池技术发展程度,并结合无人机行业特色需求,来找到两者的结合点。无人机电源发展趋势及特征为低成本、高比能量、宽温度范围、大功率、不规则形状、高安全性、高性能控制器、混合能源等。无人机电源难点在于高比能量与低温大功率兼顾、低温容量保持率、热管理、控制器集成化、供配电智能化、小型化、轻型化、高安全可靠性等。

6.3.2.4　氢能在储能系统的应用分析与建议

在大容量、长周期储能系统中,氢储能更具竞争力。在碳达峰碳中和政策背景下,未来我国对于储能系统的装机需求有很大的发展空间。氢储能作为一种新兴的储能方式，目前全球仅有十多个示范项目，在全球储能系统装机中仅占 0.01%，我国的氢储能更是刚刚起步，2021 年全国首个兆瓦级氢储能项目在六安投产。与抽水蓄能、电化学储能等储能方式相比，氢储能面临着技术不成熟、运行成本高的不利因素，但由于自身体量较小，在技术条件合适时更容易借助储能行业发展的大势，迅速发展，壮大规模。因此，若未来我国氢储能的各项技术指标持续提高，储能综合成本不断降低，且在储能周期、能量密度等方面具有一定优势，产业综合竞争力会大幅提高。同时，国家对于对氢储能技术研究的支持力度在加大，氢储能成为我国新型储能技术体系中一条可选择的潜在技术路径。我国氢储能产业将有机会迎来大规模发展，成为继电化学储能之后的又一市场主体力量，也成为我国氢能利用产业发展中的重要增长极。

氢储能涉及了氢能产业链的多个主要环节，在电解水制氢、储氢、氢燃料电池发电等环节均面临一些关键技术瓶颈问题，另外还面临着行业不成熟、系统效率低、经济性差、产业政策不明朗、行业配套服务跟不上等系统性问题，未来实际的发展趋势和发展速度存在较大的不确定性。为促进我国氢储能产业的长期健康发展，有如下建议：

（1）着力解决电解水制氢、储氢、氢燃料电池等环节面临的一些关键技术瓶颈问题，提高各个环节的能源转化效率和自有技术装备水平，降低各个环节的投资水平和运营成本，提高综合竞争力。

（2）加强对氢储能方面的政策研究，在技术和经济基本可行的条件下，将氢储能列为我国未来储能发展的重要方向之一，加大对氢储能领域的科技研发支持力度，加大对氢储能产业的培育和发展力度，加大电力市场对于氢储能的培育力度，对氢储能项目和从事氢储能行业的企业给予一定的税收优惠。

（3）促进氢储能技术研发企业与储能需求方的沟通协调、利益共享、风险共担机制，针对电网企业、可再生能源发电企业、大型电力用户的不同储能需求，制定差异化的灵活储能方案，政府部门可牵头成立协调小组，尽力解决氢储能产业发展过程中的体制机制问题。

6.4　氢能产业发展保障措施与建议

1. 明确战略定位，注重顶层设计

（1）我国应明确氢能在能源体系中的定位，将氢能纳入国家能源战略体系，作为碳减排的重要途径和大规模可再生能源发展的互补与延伸。出台氢能产业发展专项规划及实施路线图，明确氢能发展长期目标，制定大规模绿氢的实现路径和氢能主要利用领域清晰的脱碳路径，形成具有我国特色的"氢能路线图"。

（2）明确由国家发展改革委牵头，以国家能源局为氢能产业的行业主管部门，制定适合国情的氢能发展战略规划。加强氢能行业管理，加强行业发展协调与监管。到 2025 年，燃料电池汽车和车用氢能达到国际先进水平，并初步商业化，储能调峰、分布式发电、热电联供等领域实现核心技术突破和规模示范；到 2035 年，燃料电池汽车得到大规模推广，其他领域全面开启商业化进程，清洁低碳的氢能制-储-运及应用技术体系基本健全；到 2050 年，氢能得到大范围普及应用，成为能源体系的关键支撑，基本建立氢-电互补的终端用能体系。

2. 加强制度与政策体系建设

建立科学长效的产业发展扶持与激励政策，坚持市场主导与政策驱动并

行，逐步建立科学合理的产业补贴政策与相关机制。应研究系列相关税收、基础设施建设补贴等政策机制；拓宽产业投融资渠道，鼓励政府金融平台与社会资本加入的多元化投资体系，支持设立产业发展专项基金；支持前沿性氢能设施装备制造、率先采用国家科技专项成果的储运及加氢项目资金奖励、风险补偿与融资贴息等；针对氢能处于产业发展"幼稚期"的特征，建立科学有效的产业发展扶持与激励政策。

3. 不断拓宽氢能应用场景，探索氢能与燃料电池企业有效运营的商业模式

（1）交通领域是氢能发展的主要阵地，以氢燃料电池汽车作为终端应用的抓手，完善加氢站、燃料电池、氢气生产和储运等各环节。加快推进可再生能源电解水制绿氢，高效大容量燃料电池系统，氢燃料电池交通领域公交、重卡等商务用车的产业化进程，优先开展物流车"柴改氢"示范工程。优先在重点地区和相关领域推进柴改氢试验示范，支持交通领域多场景应用，逐步完善产业链体系示范。

（2）拓宽氢能与燃料电池在城市/区域、企业、家庭等不同场景的应用，全面推动氢能社会发展。要根据区域的能源消费结构、可再生能源赋存条件和生态环境约束等综合特征，科学合理规划氢能与燃料电池在不同场景的应用。将氢能产业与储能相结合，利用电网发达的优势，在电力系统建立柔性制氢机制，形成新能源电力制氢-储能-电网缓冲的新机制；在工业领域推动氢对传统工业原料的替代；实施天然气管道掺氢、分布式热电联供等不同场景的氢能应用推广。

4. 加强示范和交流

（1）高标准、严格规范氢能产业链安全与应急管理体系建设，积极开展务实国际合作。同步建立起产品检测和认证机制。推动支持开展联盟标准、行业标准研究，加快构建国家标准、行业标准和联盟标准相结合的标准化协同创新机制。充分利用全球创新资源，积极参与全球燃料电池技术和产业创新合作，尤其是国际标准体系建设和标准研制，将氢能产业打造成吸引全球能源资源的窗口和汇集氢能行业优质合作伙伴的开放平台。

（2）成立全国性的一级氢能协会。目前，由于中央政策的支持，各地竞相开发氢能，抓技术、挖人才、找项目，氢能与燃料电池发展处于无序状态。成立国家级氢能与燃料电池协会，集中资源规划全国氢能与燃料电池发展，制定路线图、行业标准与规范等，既可以做好氢能行业自律，又可以为政府服务，提供可信度高的咨询意见、政策建议等，通过氢能产业与传统产业的广泛融合，推动传统产业转型升级。

5. 坚持科技创新，深化产研合作

（1）重点推动氢能源与燃料电池领域关键材料、关键技术的研发与示范。目前我国兆瓦级电解制氢装备、储氢瓶组、燃料电池电堆催化剂、膜电极、氢循环泵等基础材料核心技术和关键部件的工程化水平较低，高端产品基本依靠进口。需加强科技创新研发投入，加强科技项目过程管理，聚焦氢能产业中具有先进性和创新性、能够引领产业发展、具有较大影响力的核心技术，努力实现关键核心技术国产化。

（2）设立氢能源与燃料电池国家科技重大专项，协同攻关掌握氢能关键核心技术。面向 2030 年重大科技项目的研发需求，建议设立固体氧化物燃

料电池相关重大专项，布局氢能源与燃料电池领域国家重点实验室，推动关键材料、关键技术开发迭代；推进重载商用车及其氢系统、站用关键装备研发验证；加大"可再生能源制氢与工业部门深度脱碳"科技攻关力度；建立一批工业领域氢能利用综合示范工程。

6. 适当引导国有资本在氢能产业发展中的优化布局

（1）应坚持稳妥有序进入原则。国有资本相关企业原则上应在原有产业的基础上适时、合理地进入氢能产业，做前瞻性的战略布局。应做好相关企业的协同发展，避免一哄而上、无序竞争。应尊重市场规律、遵循市场规则，根据氢能产业链的不同特点和应用场景，有序引导国有资本采用资本运作、产业运营、综合服务总包等各种灵活形式稳妥、有序布局氢能产业。

（2）应有所为有所不为。中央企业应当联合申请设立氢能源与燃料电池国家科技重大专项，协同攻关掌握氢能关键核心技术。国有资本应重点投入氢能产业链关键环节，掌握关键核心技术工艺与材料装备，打破国外的技术壁垒，减少对外依赖；应重点投入投资强度大、起到基础支撑作用的运输体系、加氢站等基础设施领域。同时，充分鼓励其他主体，进入氢能产业链上各类细分领域，建立一种市场响应快、协同强的发展模式，培育一个健康可持续的氢能生态圈。

（3）有针对性地施以必要的考核引导。在氢能产业导入期（未成熟时期），可对央企氢能示范工程和基础研究费用均认定为研发投入，计入研发经费投入强度考核范畴，或可直接按一定比例视同利润核减考核指标。在产业培育期，有其他国家产业奖励激励政策情况下，适度设定类似营收、利润占比之类考核指标，产业成熟期或失败期（退潮期）应果断退出考核。

（4）加强国有资本监管，确保国有资本多维度回报。注意协调国有资本在氢能投资领域的规模与方向,避免燃料电池领域国有资本同业竞争。外部注意协调国有资本与民间资本、外资等各种经济成分的合作。构建国有资本在氢能产业规范化、专业化的管理体系,构建国有资本在氢能产业高效运营新机制,保持国有资本在氢能领域的规模效应,确保国有资本多维度回报率,实现国有资本的保值增值。

(5)引入混改机制,提升产业发展效率。可适时、适度、有选择地引入混改机制,在国家监督管理的前提下,加强与民间企业、海外企业的协同配合,扬长避短,合理探索氢能产业开发新模式,共同提高产业发展效率,打造氢能社会体系。

参 考 文 献

[1] 国际能源署 (IEA). 全球氢能进展报告 [EB/OL]. [2021-8-30]. https://www.iea.org/reports/hydrogen.

[2] 符冠云, 龚娟, 赵吉诗, 等. 2020 年国内外氢能发展回顾与 2021 展望 [J]. 中国能源, 2021(3): 45-48.

[3] 中国国际经济交流中心课题组. 中国氢能产业政策研究 [M]. 北京: 社会科学文献出版社, 2020.

[4] 中国氢能联盟. 中国氢能源及燃料电池产业白皮书 2020[M]. 北京: 人民日报出版社, 2021.

[5] 王钰, 李志坚. 我国现代煤化工 "十三五" 科技创新方向探讨 [J]. 化学工业, 2016, 34(4): 5-15.

[6] 张国宝. 煤炭消费提前达峰之后 [J]. 能源评论, 2016(9): 1-1.

[7] 刘坚, 钟财富. 我国氢能发展现状与前景展望 [J]. 中国能源, 2019, 41(2): 32-36.

[8] 于广欣, 纪钦洪, 刘强, 等. 氢能及燃料电池产业瓶颈分析与思考 [J]. 现代化工, 2021, 41(4): 1-4.

[9] 何建坤. 中国低碳发展战略与转型路径研究项目成果 [R]. 清华大学气候变化与可持续发展研究院, 2020.

[10] Fuel Cells and Hydrogen Joint Undertaking. Hydrogen roadmap Europe: A sustainable pathway for the European Energy Transition[EB/OL]. (2019-02-11). http://www.ihfca.org.cn/index.php?m=content&c=index&a=show&catid=8&id=191.html.

[11] 赵永志, 蒙波, 陈霖新, 等. 氢能源的利用现状分析 [J]. 化工进展, 2015, 34(9): 3248-3255.

[12] 谭旭光, 余卓平. 燃料电池商用车产业发展现状与展望 [J]. 中国工程科学, 2020, 22(5): 152-158.

[13] 衣宝廉. 燃料电池和燃料电池车发展历程及技术现状 [M]. 北京: 科学出版社, 2018.

[14] 马建, 刘晓东, 陈轶嵩, 等. 中国新能源汽车产业与技术发展现状及对策 [J]. 中国公路学报, 2018, 31(8): 1-19.

[15] 孟翔宇, 顾阿伦, 邬新国, 等. 中国氢能产业高质量发展前景 [J]. 科技导报, 2020, 38(14): 77-93.

[16] 周凌云, 王超. 非并网风电制氢及其在绿色交通物流中的应用 [J]. 中国工程科学, 2015, 17(3): 50-55.

[17] 李小霞. 氢燃料叉车在绿色港口建设中的应用 [J]. 中国港口, 2020, 9: 60-61.

[18] 方斯顿, 王鸿东, 张军军. 船舶大容量储能系统应用研究综述 [J]. 中国舰船研究, 2021: 1-15.

[19] 蒋敏华, 肖平, 刘入维, 等. 氢能在我国未来能源系统中的角色定位及"再电气化"路径初探 [J]. 热力发电, 2020, 49(1): 1-9.

[20] 宋小云, 白子为, 张高群, 等. 适于 PEM 燃料电池的工业副产氢气纯化技术及其在电网中的应用前景 [J]. 全球能源互联网, 2021, 4(5): 447-453.

[21] 孙邦兴, 杨华, 骈松. PEM 型电解水制氢设备在电厂的应用 [J]. 山东化工, 2020, 49(8): 182-184.

[22] 钟财富. 国内外分布式燃料电池发电应用现状及前景分析 [J]. 中国能源, 2021, 43(2): 34-37, 73.

[23] 翟俊香, 何广利, 刘聪敏, 等. 质子交换膜燃料电池分布式发电设备应用研究综述 [C] //伊斯坦布尔: 2021 第五届能源、环境与自然资源国际会议论文集, 2021.

[24] 金文龙, 姜鑫. 固体氧化物燃料电池与家用热电联供经济性 [J]. 煤气与热力, 2021, 41(8): 28-31, 43.

[25] 神瑞宝, 代贤忠, 蒋东方, 等. 日本家用燃料电池热电联供系统在中国应用的经济性分析 [J]. 中国电力, 2020, 53(10): 74-79.

[26] 龙博林. 基于 5kW 空冷型 PEMFC 的备用电源系统集成与控制 [D]. 岳阳: 湖南理工学院, 2021.

[27] 席建林. 基于醇氢燃料电池备用电源系统的应用研究 [D]. 石家庄: 河北科技大学, 2018.

[28] 国际氢能委员会, 中国氢能联盟. 氢能平价之路 [R]. 北京: 中国氢能联盟, 2020.

[29] 于蓬, 郑金凤, 王健, 等. 氢在钢铁生产中的应用及趋势 [J]. 科学技术创新, 2019(29): 152-154.

[30] 陈伟锋, 尚娟, 邢百汇, 等. 关于天然气管网安全掺氢比 10% 的商榷 [J]. 化工进展, 2022, 41(3): 1487-1493.

[31] 尚娟, 鲁仰辉, 郑津洋, 等. 掺氢天然气管道输送研究进展和挑战 [J]. 化工进展, 2021, 40(10): 5499-5505.

[32] 周承商, 黄通文, 刘煌, 等. 混氢天然气输氢技术研究进展 [J]. 中南大学学报 (自然科学版), 2021, 52(1): 31-43.

[33] 令狐磊, 王磊, 张财志, 等. 无人机用燃料电池动力系统分析研究 [J]. 电力电子技术, 2020, 54(12): 47-51.

[34] 刘莉, 曹潇, 张晓辉, 等. 轻小型太阳能/氢能无人机发展综述 [J]. 航空学报, 2020, 41(3): 6-33.

[35] 马永龙, 聂冬, 刘飞. 国外潜艇锂离子动力电池应用情况及技术分析 [J]. 船电技术, 2021, 41(8): 4-7.

[36] 刘云生, 陈新传, 关涛, 等. 国外潜艇燃料电池 AIP 现状及启示 [J]. 船电技术, 2021, 41(11): 17-19, 23.

[37] 蒋东方, 贾跃龙, 鲁强, 等. 氢能在综合能源系统中的应用前景 [J]. 中国电力, 2020, 53(5): 135-142.

[38] 李健强, 余光正, 汤波, 等. 考虑风光利用率和含氢能流的多能流综合能源系统规划 [J]. 电力系统保护与控制, 2021, 49(14): 11-20.

[39] 卢一菲, 陈冲, 梁立中. 基于电-氢混合储能的风氢耦合系统建模与控制 [J]. 智慧电力, 2020, 48(3): 7-14.

[40] 郭浩, 杨洪海. 固体储氢材料的研究现状及发展趋势 [J]. 化工新型材料, 2016, 44(9): 19-21.

[41] 张文亮, 丘明, 来小康. 储能技术在电力系统中的应用 [J]. 电网技术, 2008, 32(7): 1-9.

[42] 方世杰, 邵志芳, 张存满. 并网型风电耦合制氢系统经济性分析 [J]. 能源技术经济, 2012, 24(3): 39-43.

[43] 熊雄, 杨仁刚, 叶林, 等. 电力需求侧大规模储能系统经济性评估 [J]. 电工技术学报, 2013, 28(9): 224-230.

[44] 袁铁江, 李国军, 张增强, 等. 风电-氢储能与煤化工多能耦合系统设备投资规划优化建模 [J]. 电工技术学报, 2016, 31(14): 21-30.

[45] 冯森, 曹钰鑫. 微电网储能技术在风电上的发展现状与前景 [J]. 河南科技, 2020, 5(1): 1-8.

[46] 肖宇. 氢储能: 支撑起智能电网和可再生能源发电规模化 [J]. 中国战略新兴产业, 2016, 000(001): 46-49.

[47] 秦开宇, 秦镜. 氢储能技术在风、光电项目中的研究及示范项目分析 [J]. 内蒙古科技与经济, 2021(10): 115-116.

[48] 陈蔼峻. 氢储能技术特点和应用展望 [J]. 中国高新科技, 2021(19): 120-121.

[49] 张浩. 氢储能系统关键技术及发展前景展望 [J]. 山东电力高等专科学校学报, 2021, 24(2): 8-12.

[50] 霍现旭, 王靖, 蒋菱, 等. 氢储能系统关键技术及应用综述 [J]. 储能科学与技术, 2016, 5(2): 197-203.

[51] 俞红梅, 衣宝廉. 电解制氢与氢储能 [J]. 中国工程科学, 2018, 20(3): 58-65.

[52] 王杭婧, 孙国正, 周颖."双碳"目标下零碳氢储能市场推广研究 [J]. 商业经济, 2022(3): 110-118.

[53] 孙玉玲, 胡智慧, 秦阿宁, 等. 全球氢能产业发展战略与技术布局分析 [J]. 世界科技研究与发展, 2020, 42(4): 455-465.